Theorien des Bösen zur Einführung

Jörg Noller

Theorien des Bösen zur Einführung

JUNIUS

Junius Verlag GmbH
Stresemannstraße 375
22761 Hamburg
info@junius-verlag.de
www.junius-verlag.de

Umschlaggestaltung:
Florian Zietz Titelbild: Lucas Cranach d. Ä.,
Der Sündenfall Satz: Junius Verlag GmbH
Printed in the EU 2025
ISBN 978-3-88506-788-7
3., ergänzte Aufl. 2025

Bibliografische Information der Deutschen Nationalbibliothek
Die Deutsche Nationalbibliothek verzeichnet diese Publikation in der Deutschen Nationalbibliografie; detaillierte bibliografische Daten sind im Internet über http://dnb.dnb.de abrufbar.

Zur Einführung …

… hat diese Taschenbuchreihe seit ihrer Gründung 1977 gedient. Zunächst als sozialistische Initiative gestartet, die philosophisches Wissen allgemein zugänglich machen und so den Marsch durch die Institutionen theoretisch ausrüsten sollte, wurden die Bände in den achtziger Jahren zu einem verlässlichen Leitfaden durch das Labyrinth der neuen Unübersichtlichkeit. Mit der Kombination von Wissensvermittlung und kritischer Analyse haben die Junius-Bände stilbildend gewirkt.

Seit den neunziger Jahren reformierten sich Teile der Geisteswissenschaften als Kulturwissenschaften und brachten neue Fächer und Schwerpunkte wie Medienwissenschaften, Wissenschaftsgeschichte oder Bildwissenschaften hervor. Auch im Verhältnis zu den Naturwissenschaften sahen sich die traditionellen Kernfächer der Geisteswissenschaften neuen Herausforderungen ausgesetzt. Diesen Veränderungen trug eine Neuausrichtung der Junius-Reihe Rechnung, die seit 2003 von der verstorbenen Cornelia Vismann und zwei der Unterzeichnenden (M.H. und D.T.) verantwortet wurde.

Ein Jahrzehnt später erweisen sich die Kulturwissenschaften eher als notwendige Erweiterung denn als Neubegründung der Geisteswissenschaften. In den Fokus sind neue, nicht zuletzt politik- und sozialwissenschaftliche Fragen gerückt, die sich produktiv mit den geistes- und kulturwissenschaftlichen Problemstellungen vermengt haben. So scheint eine erneute Inventur der Reihe sinnvoll, deren Aufgabe unverändert darin besteht, kompetent und anschaulich zu vermitteln, was kritisches Denken und Forschen jenseits naturwissenschaftlicher Zugänge heute zu leisten vermag.

Zur Einführung ist für Leute geschrieben, denen daran gelegen ist, sich über bekannte und manchmal weniger bekannte Autor(inn)en und Themen zu orientieren. Sie wollen klassische Fragen in neuem Licht und neue Forschungsfelder in gültiger Form dargestellt sehen.

Zur Einführung ist von Leuten geschrieben, die nicht nur einen souveränen Überblick geben, sondern ihren eigenen Standpunkt markieren. Vermittlung heißt nicht Verwässerung, Repräsentativität nicht Vollständigkeit. Die Autorinnen und Autoren der Reihe haben eine eigene Perspektive auf ihren Gegenstand, und ihre Handschrift ist in den einzelnen Bänden deutlich erkennbar.

Zur Einführung ist in der Hinsicht traditionell, dass es den Stärken des gedruckten Buchs – die Darstellung baut auf Übersichtlichkeit, Sorgfalt und reflexive Distanz, das Medium auf Handhabbarkeit und Haltbarkeit – auch in Zeiten liquider Netzpublikationen vertraut.

Zur Einführung bleibt seinem ursprünglichen Konzept treu, indem es die Zirkulation von Ideen, Erkenntnissen und Wissen befördert.

Michael Hagner
Ina Kerner
Dieter Thomä

Inhalt

1. Einleitung

1.1 Gründe des Bösen

Wozu ein Begriff des Bösen? Sollte man nicht lieber neutralere Begriffe verwenden, vom »Schlechten« oder »Kranken« sprechen, das in der Welt zweifellos existiert und das zum »Guten« und »Gesunden« verbessert werden kann? Oder gar nur von »Schwächen«, »Fehlern« und »Defiziten« – Phänomene, deren Begriffe implizieren, dass sie bei ausreichender Anstrengung, Pflege und Übung überwunden werden können? Besteht nicht die Gefahr, dass mit der Verwendung des Begriffs des Bösen einzelne Menschen, Gesellschaften oder gar ganze Teile der Welt zu Gegenständen eines Schwarz-Weiß-Denkens gemacht und auf diese Weise diskriminiert oder dämonisiert werden? Und schließlich: Ist der Begriff des Bösen in Zeiten weiter fortschreitender Säkularisierung und Aufklärung nicht überholt und sollte als ein metaphysisches Relikt aus dunklen Zeiten aufgegeben werden? Aber wie verhält sich die zweifellos vorhandene »Faszination des Bösen«, von der die hohen Einschaltquoten allabendlicher Krimis und das gemeine Interesse an blutigen Sensationen zeugen, zu diesen Bedenken? Es scheint, dass eine Auffassung des Bösen als bloßes Defizit oder als Mangel dem Phänomen nicht gerecht werden kann. Vielmehr legt seine Faszination nahe, dass eine seiner herausragenden Eigenschaften gerade im Gegenteil eines

Mangels, einer besonders perfiden Intelligenz etwa, besteht, das zugleich gefürchtet und bewundert werden kann.

Erst wo das Böse in diesem Sinne – also als willentliche und zurechenbare Aktivität – verstanden wird, wird es uns zum Problem. Denn es betrifft dann nicht nur bestimmte gegebene Charakterzüge oder Äußerlichkeiten, sondern zielt mitten hinein ins Zentrum menschlicher Existenz. Seine Gründe sind Abgründe. Mehr noch, zu *dem Bösen* hypostasiert lässt es sich gar als eine dunkle Macht denken. Als einer der am stärksten wertenden Begriffe unserer Sprache ist die Verwendung des Begriffs des Bösen nicht nur eine Beschreibung oder Feststellung von Tatsachen in der Welt, sondern die Zuschreibung dieser Eigenschaft zu einer Person oder Sache eine Handlung, die diese Person oder dieses Ding, die betreffenden Willensakte und Taten in ein unverrückbar negatives Licht stellt und sie stigmatisiert. Dass niemand als böse etikettiert werden möchte, ist deshalb nur zu verständlich. Das Böse ist ein Unwort. Sollten wir es also nicht lieber ganz aus unserem Wortschatz streichen?

Speziell aus philosophischer Perspektive wird behauptet, dass die gegenwärtige Philosophie das Böse als Thema »verloren« habe (Höffe 2009: 328). Allerdings stellt sich die Frage, ob sie es denn jemals besessen hat. Um das Böse als Thema zu besitzen, müsste die Philosophie einen *Begriff* oder eine ausgearbeitete Theorie davon haben – eine ›Wissenschaft des Bösen‹. Kann es eine solche Theorie des Bösen aber überhaupt geben? Ist das Böse nicht vielmehr unfasslich und entzieht sich dem Begriff – ein Unbegriff? Könnte der Grund der Beobachtung, dass die Philosophie das Böse als Thema verloren habe, am Ende nicht auch darin liegen, dass es sich dem Begriff immer schon entzieht, dass es das System sprengt, es also gar keine Theorie davon geben *kann*? Und sollte das Böse seinen Platz dann nicht am besten ausschließlich in Märchen, Mythen oder Schauergeschichten haben? Wäre dem so, würde sich ein Buch mit dem Titel »Theorien des Bösen« zweifellos erübrigen. Dass es so einfach nicht ist, zeigt gerade die Tatsache, dass uns das Böse empört und eine gedankliche Reaktion provoziert – sei es, weil wir glauben, dass es verhindert werden sollte, oder weil wir überhaupt seinen Begriff für unnötig halten.

Dass die Philosophie überhaupt einen Begriff des Bösen besitzen kann, ist von verschiedenen Seiten infrage gestellt worden. Der amerikanische Philosoph Richard Bernstein etwa betont, dass sich das Böse philosophisch gar nicht fassen lasse. »I am deeply skeptical of the possibility of the very idea of a theory of evil«, bekennt er und fügt hinzu: »There is [...] something about evil that resists and defies any final comprehension.« (Bernstein 2002: 6 f.) Der deutsche Philosophieschriftsteller Rüdiger Safranski geht noch weiter, wenn er in seinem Buch *Das Böse oder Das Drama der Freiheit* behauptet: »Das Böse gehört nicht zu den Themen, denen man mit einer These oder einer Problemlösung beikommen könnte.« Und fährt fort: »Das Böse ist kein Begriff, sondern ein Name für das Bedrohliche, das dem freien Bewußtsein begegnen und von ihm getan werden kann.« (Safranski 1997: 14) Der Berliner Philosoph Wilhelm Schmidt-Biggemann schließlich konstatiert: »Das Böse hat keine Logik, man kann es nicht deduzieren und definieren. Man kann das Böse nicht mit der Logik des Guten, seines Gegenteils, bannen; wenn das gelänge, wäre das Böse abschaffbar [...] eine systematische Theorie des Bösen ist nicht denkbar.« (Schmidt-Biggemann 1993: 10) Diese Liste von Ansichten über die Unbegreiflichkeit und Unbegrifflichkeit des Bösen ließe sich lange fortsetzen. Worin liegt also der Grund, dass wir das Böse nicht in den Griff bekommen? Der Grund scheint weniger in unserem fehlenden Begriffsvermögen als im Phänomen des Bösen *selbst* – seiner Abgründigkeit – zu liegen.

Bei all diesen Schwierigkeiten möchte das vorliegende Buch dazu beitragen, den Begriff und das Phänomen des Bösen weiter aufzuklären. Erfolgen kann der Zugang dabei angesichts der Komplexität des Phänomens jedoch nicht allein mit den Mitteln der Philosophie oder Theologie – den traditionellen Zugängen zu diesem Thema –, sondern nur multiperspektivisch und interdisziplinär. Ziel des Buches ist es, durch verschiedene Annäherungen einen Begriff des Bösen zu profilieren, der seine Berechtigung darin hat, dass er dessen Phänomene und Handlungen auf ihren Grund in der *Praxis der menschlichen Freiheit* – sei sie moralisch oder ästhetisch – hin transparent macht.[1] Das Buch verfolgt dieses Ziel in Auseinandersetzung mit der Wirkungs- und Kulturgeschichte des Begriffs, die überaus fruchtbar ist und nichts von ihrer Faszination verloren zu haben scheint, so dass gelegentlich sogar von einer »Renaissance des Bösen« (Schuller/Rahden 1993) die Rede ist.

1.2 Probleme des Bösen

Eine begriffliche Analyse des Bösen bedarf zunächst einiger grundlegender Unterscheidungen, die seine alltägliche – vage negative – Bedeutung aufnehmen und weiter differenzieren. So kann das Böse zum einen im Sinne des Schlechten oder des Übels (lat. *malum*) verstanden werden, etwa in Gestalt von Krankheiten oder anderen natürlichen Defekten. In der theologischen und philosophischen Tradition wird diese Form des Bösen als natürliches Übel (*malum physicum*) bezeichnet. Es folgt nicht aus der menschlichen Freiheit, kann also keinem Willen zugerechnet werden, sondern stellt ein passives Übel dar, welches Menschen und anderen Lebewesen zustößt, ihr Leben gefährdet und beeinträchtigt. Zum anderen kann das Böse aber auch freiheitstheoretisch im Sinne eines bewussten, willentlichen und aktiven Zufügens von Schaden begriffen werden, was im Ausgang von Augustinus als moralisches Übel (*malum morale*) bezeichnet wird. Und schließlich lässt sich das Böse durch die generelle Endlichkeit des Menschen als Geschöpf bestimmen, dem durch diese Eigenschaft immer schon ein Mangel – sei es das *malum physicum* oder das *malum morale* – anhaften muss. Diese generelle Form des Bösen wird in der philosophischen Tradition nach Leibniz das metaphysische Übel (*malum metaphysicum*) genannt.

Im Fokus der meisten Betrachtungen des Bösen steht das *malum morale* als dasjenige Böse, welches der willentlichen Aktivität des Menschen zurechenbar ist. Als etwas, was *nicht sein soll*, aber dennoch irgendwie *ist*, steht zunächst seine Existenzweise infrage. Existiert das Böse, insofern es nicht sein soll, auf dieselbe Weise wie das Gute, das sein soll, besitzt es also denselben Grad an Wirklichkeit oder ist es gegenüber dem Guten weniger real? Dazu gibt es mindestens zwei Ansichten: Zum einen wird die These vertreten, dass das Böse etwas prinzipiell Defizitäres ist, das sich aus menschlichem Unvermögen, Schwäche oder einem Mangel an Freiheit und Reflexion speist (*Privationstheorie des Bösen*). Dem gegenüber steht die Auffassung, dass das Böse dem Guten hinsichtlich seiner Realität gleichrangig ist. Das Böse ist demnach kein Mangel an Sein oder Freiheit, sondern nur eine andere Seinsweise, die die gute Ordnung nicht bekräftigt, sondern diese vielmehr aktiv auf den Kopf stellt, also pervertiert und damit letztlich zerstört (*Perversionstheorie des Bösen*). Mit dieser Auffassung des Bösen geht die Annahme der vollen moralischen Verantwortlichkeit des Menschen für sein Handeln einher und die Ansicht, dass das Gute wie das Böse gleichermaßen mögliche und wirkliche Formen unserer Freiheit sind. Damit rücken die Begriffe des Willens, der Wahl und der Vernunft ins Zentrum des Interesses einer Perversionstheorie des Bösen.

Gemäß dem ›perversiven‹ Verständnis des Bösen lassen sich nun verschiedene Missverhältnisse denken, in denen sich das Böse aktiv realisiert. Zum einen kann es sich dabei um ein intrasubjektives Missverhältnis handeln, indem der Mensch sich in einem Konflikt mit sich selbst und seinem Gewissen oder seiner Vernunft befindet. Dies ist dann der Fall, wenn er sein Eigeninteresse oder seinen Egoismus nicht der moralischen Forderung nach der Universalisierbarkeit seines Tuns oder einem Altruismus unterordnet, sondern sein Individualinteresse allein auf Kosten der anderen behaupten will. Das Böse kann sich aber auch in einem intersubjektiven Missverhältnis vollziehen, indem etwa anderen Menschen oder Lebewesen bewusst und willentlich Schaden zugefügt wird. Und es kann schließlich in einem transsubjektiven Missverhältnis bestehen, wenn der Mensch sich gegenüber Gott in seiner Geschöpflichkeit behaupten möchte, so dass er gegen die göttlichen Gebote verstößt. Diese Dimension des Bösen wird in der theologischen Tradition Sünde genannt. Das perversive Böse vollzieht und entzieht sich also in allen drei Fällen gerade angesichts der Forderung des Guten. Es besitzt eine eigene, falsche Ordnung, die jedoch keinen dauerhaften Bestand hat, sondern wesentlich scheinhaft strukturiert ist und auf Kosten des Anderen existiert.

Dem perversiven Verständnis nach realisiert sich das Böse zwischen Vernunft und Unvernunft, ja es kann als ›Vernunft zur Unvernunft‹ charakterisiert werden, setzt es doch voraus, dass die böse Entscheidung bewusst und damit aus bestimmten *Gründen* vollzogen wird. In dieser rationalitätstheoretischen Spannung der Koexistenz von Vernunft und Unvernunft zeigt sich, dass das Böse nicht leicht auf den Begriff zu bringen ist. Auch ist das Böse kein reines Objekt, welches sich feststellen und von seinem Kontext isolieren ließe, sondern es hat immer den subjektiven Charakter einer Realisierung, der im Vollzug der Freiheit besteht. Als solches ist es ebenfalls nur schwer zu objektivieren, unter einen Begriff zu bringen und rational zu domestizieren, weil es immer schon *das Andere* ist, welches nicht sein *soll*, aber gleichwohl *ist*. Das Böse ist ein Grenzphänomen. Es steht zwischen Sein und Nichts, zwischen Subjektivität und Objektivität, zwischen Abstoßung und Anziehung, zwischen Aktivität und Passivität, zwischen Begriff und Gefühl, zwischen Beschreibung und Wertung, zwischen Vernunft und Unvernunft, zwischen Beschränkung und Freiheit, zwischen Anerkennung und Verdrängung. Das so verstandene Böse besitzt eine Aktivität, Struktur und Ausrichtung, die es von bloßen Übeln oder privativen Phänomenen unterscheidet. Diese Aktivität des Bösen ist derart verfasst, dass sie eine Ordnung erzeugt, innerhalb deren individuelle Zwecksetzungen als gerechtfertigt erscheinen – auch und gerade weil sie dem Interesse anderer zuwiderlaufen. Die scheinhafte Ordnung des Bösen, die sich seiner destruktiven Aktivität verdankt, besitzt damit aber nur ephemere Geltung, da sie ihre Basis und damit in letzter Konsequenz sich selbst zerstört.

1.3 Perspektiven des Bösen

Die Betrachtungen des Bösen in diesem Buch – aus theologischer, philosophischer, ästhetischer, psychologischer und pathologischer Perspektive – verstehen sich nicht als bloße Ansammlung und Aufreihung von Ansichten, sondern als Aufweis eines größeren interdisziplinären Zusammenhangs, dessen roten Faden der Begriff der Freiheit bildet. Indem das Böse strukturell als perversives Produkt der Freiheit verstanden wird, öffnet sich ein weites Feld seiner verschiedenen Manifestationen, die sich unter bestimmten Gesichtspunkten weiter erschließen lassen und denen die Gliederung dieses Buches folgt.

Thematisch wird das Böse zunächst als Gegenstand verschiedener »Theologien des Bösen« (Kapitel 2), die das Böse aus dem Verhältnis von Geschöpf und Schöpfer heraus verstehen. Von zentraler Bedeutung sind hierbei im Judentum die Geschichte des Sündenfalls bei Adam und Eva, aber auch die Erzählungen von Kain und Abel, der Sintflut und des Turmbaus zu Babel, die allesamt als Urerzählungen des Bösen gelten dürfen und die Grundmotive und Koordinaten für jede weitere Befassung mit dem Thema vorgeben. Das Problem des Bösen wird in der Tradition der jüdischen Kabbala sowie in der christlich-paulinischen Lehre von Gesetz und Sünde, aber auch durch die augustinische Erbsündenlehre aufgenommen. Die Tradition der Gnosis und des Manichäismus betrachtet das Gute und das Böse weniger unter menschlichen als unter kosmologischen Gesichtspunkten und beschreibt beide als gegensätzliche Mächte. Der Islam schließlich rückt die Rolle des Teufels und der Hölle ins Zentrum. Gegenüber der christlichen Erbsündenlehre ergeben sich hier zahlreiche Differenzen, indem nun das Böse als eine innerweltliche Bewährungsprobe des Menschen verstanden wird.

Die »Philosophien des Bösen« (Kapitel 3) knüpfen an das Kapitel zu den »Theologien des Bösen« an, betrachten das Phänomen nun aber vor allem intra- und intersubjektiv. Im Durchgang verschiedener philosophischer Betrachtungen des Bösen von Platon über Augustinus, Thomas von Aquin, Hobbes, Leibniz, Rousseau, Kant, Schelling, Hegel und Schopenhauer bis zu Nietzsche und Arendt sowie schließlich aktuellen Theorien des Bösen zeigt sich die Tendenz eines Übergangs vom *malum physicum* zum *malum morale* und von einer privativen zu einer perversiven Auffassung des Bösen. Das Böse wird im Zuge dieser Entwicklung immer mehr mit der menschlichen Freiheit identifiziert, ja teilweise gar als eigentlicher Ausdruck dieser Freiheit verstanden, die noch vor der Freiheit zum Guten liegt. Innerhalb dieses perversionstheoretischen Paradigmas des Bösen rückt die Frage nach der spezifischen Rationalität des Bösen ins Zentrum: Inwiefern kann das Böse aus Gründen erfolgen, wo es doch abgründig der Ordnung der Vernunft zuwiderläuft?

Die »Ästhetiken des Bösen« (Kapitel 4) verstehen das Böse als Ausdruck einer Freiheit, die nicht länger unter rein moralischen Kategorien erscheint, und erweitern so das Phänomen des Bösen. Hier wird die Tendenz sichtbar, das Böse nicht nur zum Gegenstand der begrifflichen Reflexion zu machen, sondern es durch ästhetische Darstellungsformen selbst ›performativ‹ zur Sprache kommen zu lassen, indem die Darstellung des Bösen selbst böse Züge annimmt, womit das Problem des Verhältnisses von Ethik und Ästhetik aufgeworfen ist. Fasst man Kunst als einen Ausdruck der menschlichen Freiheit auf, so wird vor allem in ihrer Autonomie eine konsequente Radikalisierung in der Betrachtung des Bösen sichtbar. Diese läuft der Tendenz, das Böse auszublenden, gerade entgegen, indem sie dessen strukturellen Scheincharakter produktiv aufnimmt und umlenkt. Damit aber wird die Radikalisierung so weit getrieben, dass bestimmte Kunstprodukte, die das Böse zum Gegenstand haben, nun selbst als böse wahrgenommen werden können, was sich etwa in Reaktionen wie öffentlicher Empörung oder staatlicher Indizierung manifestiert. Kunst, die mit dem Bösen umgeht, kann unter Umständen selbst als böse Tat rezipiert werden. Sie stellt damit den Endpunkt des Prozesses einer langen Positivierung des Bösen dar, der von der Privationstheorie über die Perversionstheorie hin zur Ästhetik führt. Diese Ästhetik des Bösen manifestiert sich im Medium von Texten, Bildern, Filmen, Computerspielen und Formen virtueller Realität, die die gewohnten Grenzen zur Fiktion verschwimmen lassen. In letzter Konsequenz kann das ästhetische Böse, wie im Falle von Sadismus und Masochismus, in Kombination mit extremen Formen von Sexualität gar als eine Lebensform praktiziert werden.

Die »Psychologien des Bösen« (Kapitel 5) nehmen ihren Ausgang von der Faszination, die das Phänomen ausübt, und versuchen es durch die Aufdeckung seiner Wirkungsweisen und die Beschreibung der Entstehungskontexte seiner Wirkmechanismen weiter zu erklären. Experimente wie das Milgram- und das Stanford-Prison-Experiment zeigen, dass das Böse als eine Art anthropologischer Konstante gelten kann. Auch psychische und emotionale Zustände des Bösen wie Hass, Wut und Aggression sind in diesem Zusammenhang von Bedeutung, aber ebenso die Frage nach ihrem evolutionsbiologischen Grund.

Die »Pathologien des Bösen« (Kapitel 6) übersteigen dagegen das verständliche und erklärbare Böse in einem extremen Maß. Vor allem um die Wende vom 19. zum 20. Jahrhundert stellte sich die Frage, ob es tatsächlich von Natur aus böse Menschen gebe – die »geborenen Verbrecher« (Lombroso) – und woran man sie erkennen könne. Im 20. Jahrhundert wirken sich Pathologien des Bösen vornehmlich in den gesellschaftlichen Formen von Totalitarismus und Terrorismus aus. Mit der Wende zum 21. Jahrhundert verlagert sich das Interesse auf neurobiologische Fragen, auf »böse Gehirne«, die auf der Suche nach einem biologischen Korrelat des Bösen seziert werden. Diese Tendenz einer Verobjektivierung und Naturalisierung des Bösen führt jedoch gerade dazu, dass das Phänomen wiederum nur noch mit den Kategorien des *malum physicum* verstanden werden kann, als etwas Privatives und Äußerliches, das unter freiheitstheoretischen und subjektivitätstheoretischen Gesichtspunkten stumm bleiben muss.

Indem dieser Einführungsband das Phänomen des Bösen aus verschiedenen disziplinären Zugängen behandelt, versteht er sich als Versuch einer ›anderen‹ Anthropologie – einer Betrachtung des Menschen, die im Wesentlichen seine Schattenseite beleuchtet, zugleich aber deren anhaltende Faszination und ihr produktives Potenzial herausstellen will, insofern es sich seiner Freiheit verdankt. Das Böse ist diesem Verständnis nichts unaufklärbar Dunkles, denn sonst würde sich der Versuch einer »Theorie des Bösen« von vornherein erübrigen. Vielmehr besitzt es eine begriffliche Struktur, die sich in drei Dimensionen weiter differenzieren lässt: (i) als *privatives* Phänomen ist es normativ mangelhaft und dem Guten unterlegen; (ii) als *perversives* Phänomen behauptet es sich trotz dieser Asymmetrie gegenüber dem Guten; (iii) als *performatives* Phänomen nimmt es verschiedene Gestalten an und tarnt so reflexiv sein eigenes Wesen, so dass das Böse auf seine Darstellung übergreift und schließlich das Denken und der Begriff des Bösen selbst böse sein können.

Abschließend wird der Versuch unternommen, die verschiedenen Dimensionen des Bösen zusammenzudenken und davon ausgehend einen kritischen Begriff des Bösen zu entwickeln, der sich einerseits von neurowissenschaftlichen und evolutionstheoretischen Reduktionismen abgrenzt, angesichts seiner verschiedenen Herausforderungen in der Moderne jedoch auch in säkularen Gesellschaften noch diagnostische Bedeutung beanspruchen kann. Motiviert ist ein solcher Begriff dadurch, dass er untrennbar mit der Freiheit des moralischen Akteurs in Verbindung steht, die sich nicht individualistisch, sondern nur in intersubjektiven Kontexten und Vollzügen entfalten kann und darin gleichzeitig ihre Endlichkeit und Verantwortung zu reflektieren hat.

2. Theologien des Bösen

2.1 Judentum

Der biblische Mythos des Sündenfalls, wie er sich im ersten Buch Mose (hebr. *bereschit*, gr. *genesis*) der Torah findet, darf als ein Urdokument der Beschreibung des Bösen gelten. Zugleich wird darin die Ursituation des Menschen in der Welt als Geschöpf in seinem Verhältnis zu Gott als Schöpfer dargelegt. Dieses betrifft (i) die Freiheit, Versuchung und Scham des Bösen im Sündenfall, (ii) die Motivation und Stigmatisierung des Bösen in Kains Brudermord, (iii) die Universalität des Bösen in der Sintflut, (iv) den Hochmut des Bösen durch den Turmbau zu Babel, (v) die Unsittlichkeit in Sodom und Gomorrha sowie (vi) die Theodizee-Problematik am Beispiel der Geschichte Hiobs.

In der zweiten Schöpfungsgeschichte der hebräischen Bibel (Gen 2,4b-3,24) wird der Mensch (hebr. *adam*) von Gott aus dem Staub der Erde (*adamah*) hervorgebracht und durch Einblasen des Odems des Lebens (*neschamah*) vollendet. Erst danach schafft Gott den Garten Eden, in den er den Menschen versetzt mit dem Auftrag, diesen Ort zu bebauen und zu bewahren (Gen 2,15). Im Zentrum des Gartens befinden sich der Baum des Lebens und der Baum der Erkenntnis des Guten und Bösen (*'ez hada'at tov wa-ra'*). In dieser topografischen Urkonstellation werden Leben, menschliche Existenz und die Objektivität der Moral bereits untrennbar aufeinander bezogen: Gott verbietet dem Menschen, vom Baum der Erkenntnis des Guten und Bösen zu essen, da ihm andernfalls der Tod drohe. Erkenntnis und Freiheit des Guten und Bösen sind also für den Menschen nur zum Preis seiner Endlichkeit möglich.

Der Sündenfall, wie er in Gen 3 beschrieben wird, ist die Geschichte einer Verführung. Der Schlange kommt die Rolle der Verführerin zu, indem sie gegenüber Eva Gottes Androhung der Sterblichkeit relativiert, ja sogar in Aussicht stellt, dass Adam und Eva durch das Essen vom Baum der Erkenntnis »wie Gott« würden und Wissen davon erlangten, »was gut und böse ist« (Gen 3,5). Diese Gottgleichheit im objektiven Wissen um das Gute und das Böse kann nun aber gerade nur dadurch erlangt werden, dass sich Adam und Eva durch ihre böse Tat wieder von Gott unterscheiden und sterblich werden. Die *Erkenntnis* des Guten und Bösen fällt zusammen mit der *Tat* des Bösen, vom Baum der Erkenntnis zu essen. Indem Adam und Eva schließlich vom Baum der Erkenntnis essen und damit Gottes Gebot zuwiderhandeln, erkennen sie sogleich ihre Nacktheit, deren sie sich schämen und die sie durch Kleidung verdecken. Die Scham des Bösen äußert sich auch darin, dass sich Adam und Eva im Garten Eden vor Gott verstecken. Der Sündenfall wird damit zum kausalen Erklärungsgrund für das natürliche Übel: für die spezifische Lebensweise der Schlange und ihre natürliche Feindschaft mit dem Menschen, für die Schmerzen der Frau bei der Geburt ihrer Kinder und ihre Abhängigkeit vom Mann sowie für die Mühe des Mannes bei der Arbeit zum Lebenserhalt und die generelle Hinfälligkeit der Menschen. Das erste Buch Mose liefert also eine Ätiologie für das *malum physicum*, insofern dieses aus dem *malum morale* des Sündenfalls heraus zur verdienten Strafe erklärt wird, welche wiederum im *malum metaphysicum* – der endlichen und zugleich freien Geschöpflichkeit des Menschen –

ihren Grund hat. Diese Strafe ist aber nur möglich aufgrund der Freiheit, die Adam und Eva als Geschöpfe Gottes von vornherein besitzen. Die verbotene Frucht vom Baum der Erkenntnis ist damit ein Symbol für die Faszination und Verlockung des Bösen – sich selbst als Herrscher der Welt zu inthronisieren, ohne an verbindliche Gebote gebunden zu sein. Die geschöpfliche Freiheit des Menschen bringt die Versuchung, böse zu handeln, untrennbar mit sich, aber auch die Scham im Augenblick der Erkenntnis, böse gehandelt zu haben. Die Erkenntnis des Guten und Bösen ist dem Menschen nur möglich, indem er böse handelt und sich gerade dadurch von Gott unterscheidet. Um zu verhindern, dass sie auch vom Baum des Lebens essen, werden Adam und Eva schließlich von Gott aus dem Paradies vertrieben, und der Eingang wird ihnen dauerhaft verwehrt. Damit ist die Grenze von Mensch und Gott topografisch gezogen und die anthropologische Grundsituation, aus der heraus das Böse definiert wird, vorgegeben: Der sterbliche Mensch steht in seiner wirklichen Freiheit zum Bösen zwischen dem unfreien Tier, das keine Scham kennt, und der göttlichen Ewigkeit des Guten. Auch wenn der Mensch nicht vom Baum des Lebens essen darf, trägt doch seit dem Sündenfall die erste Frau den Namen Eva (hebr. *chawwah*), was »Leben« bedeutet. Es ist das sich reproduzierende Leben von Entstehen und Vergehen, durch welches sich die Endlichkeit des Menschen von Gottes Existenz unterscheidet.

Mit der Geschichte von Kains Brudermord in Gen 4 führt das erste Buch Mose direkt im Anschluss an die Erzählung des Sündenfalls das nächste Urbeispiel des Bösen an. Dieses betrifft nun nicht mehr das transsubjektive Verhältnis von Mensch und Gott, sondern die inner- und intersubjektive Dimension des Bösen. Kain (von *kanah*, erwerben) und Abel (von *hevel*, Vergänglichkeit) sind die beiden Söhne von Adam und Eva. Abel, der

Zweitgeborene, opfert Gott von den erstgeborenen Tieren seiner Herde, während Kain, der Erstgeborene, Gott nur Feldfrüchte seines Ackers darbringt. Als Gott das Opfer Abels demjenigen Kains vorzieht, ergrimmt dieser vor Neid und senkt seinen Blick. Gott fordert daraufhin Kain auf, der in ihm lauernden Sünde (*cha'at*) Herr zu werden und diese zu kontrollieren. Doch Kain gelingt es nicht, seinen Neid zu beherrschen, sondern er ermordet Abel. Gott straft nun Kain, indem er ihn, wie zuvor Adam und Eva aus dem Paradies, von seinem Acker vertreibt, so dass er als Flüchtling ein unstetes Dasein auf Erden zu führen verdammt ist. Damit Kain jedoch nicht befürchten muss, von anderen aus Rache erschlagen und so über Gebühr bestraft zu werden, versieht Gott ihn zum Schutz mit einem *Kainsmal*, was ihn jedoch zugleich in der sozialen Welt als Täter ausweist. Damit hat sich das Böse paradigmatisch als Mord nicht nur in der Welt ereignet, sondern es ist nun auch als solches bezeichnet und damit objektiviert.

Die Geschichte der Sintflut in Gen 7 erzählt eine weitere Urgeschichte des Bösen. Es wird dort nicht nur eine intersubjektive Dimension des Bösen sichtbar, sondern zugleich auch eine die Spezies betreffende, insofern die Menschheit in ihrer Gesamtheit als böse erscheint. Gott sieht, »dass der Menschen Bosheit groß war auf Erden und alles Dichten und Trachten ihres Herzens nur böse war immerdar« (Gen 7,5) und »das Dichten und Trachten des menschlichen Herzens [...] böse von Jugend auf« (Gen 8, 21). Er beschließt daher, alles Leben auf der Erde zu vernichten – das »Ende allen Fleisches« (Gen 7,13). Nur Noah, seine Familie und von allen Tiergattungen jeweils ein Paar überleben in der Arche die von Gott hervorgerufene Sintflut, während alles Leben auf der Erde ertrinkt. Hier zeigt sich ein Bezug zur Geschichte des Sündenfalls, wo das Böse in der Welt ebenfalls mit der Sterblichkeit des Menschen in ein enges Verhältnis gesetzt wird. Gott schließt danach einen Bund mit Noah und allem Leben und verspricht, keine weitere Sintflut über die Menschen ergehen zu lassen, wofür der Regenbogen ein Symbol ist.

Eine weitere Urerzählung des Bösen im ersten Buch Mose betrifft den menschlichen Hochmut, der in einer Kontinuität zur Paradiesgeschichte steht, insofern auch hier die aufbegehrende und anmaßende Menschheit von Gott in ihre Schranken verwiesen wird. Und auch hier dient das Böse als Erklärungsgrund für ein natürliches Faktum und *malum*: die Sprachenvielfalt und Zerstreuung der Menschen über die Erde. Die Geschichte beginnt mit der Beschreibung einer sprachlich geeinten Menschheit, die sich anschickt, eine Stadt und darin einen Turm zu bauen, dessen Spitze bis an den Himmel reicht, um sich einen Namen zu machen und so die Einheit der Menschheit angesichts der Gefahr ihrer Zerstreuung über die ganze Welt zu erreichen (Gen 11,4). Zur Strafe verwirrt Gott die Sprache der Menschen in viele Einzelsprachen und zerstreut die Menschen über die ganze Erde, was dazu führt, dass die Menschen sich untereinander nicht mehr verstehen. Die Reaktion Gottes auf die Sünde des Menschen besteht hier wie in den biblischen Urgeschichten insgesamt also in der Einführung von Zeichen, Bezeichnung und Trennung, d.h. von Bestimmung und Differenz. Das Böse, welches die Tendenz hat, die Differenz zwischen Mensch und Gott aufzuheben, führt in letzter Konsequenz zur Differenzbildung und zur Entfremdung. Die Freiheit des Menschen wird dadurch aber nicht beschnitten, sondern gerade weiter herausgefordert.

Die Geschichte von Sodom und Gomorrha (Gen 19) handelt von zwei Städten, deren Bewohner durch ihre extremen Sünden Gottes Zorn geweckt haben. Um das tatsächliche Ausmaß der Sünden zu ermessen und herauszufinden, ob sich an dem verrufenen Ort wenigstens zehn Gerechte finden lassen, die das Schicksal der Strafe noch abwenden könnten, schickt Gott zwei Engel in die Stadt Sodom. Die Engel werden von Lot, einem gottesfürchtigen Bewohner der Stadt, gastfreundlich aufgenommen. Bei Anbruch der Nacht wird Lot von den anderen Bewohnern der Stadt dazu gedrängt, seine Gäste auszuliefern, um sie deren sexueller Willkür zu unterwerfen (*jada'*; erkennen; geschlechtlich verkehren). Lot bietet den Bewohnern anstelle der Gäste seine Töchter an, doch dies weckt nur noch größere Begierden der Bewohner, die nun auch Lot nach dem Leben trachten. Lot wird von den beiden Engeln gerettet, Gottes Strafe trifft alle Bewohner von Sodom und Gomorrha mit Ausnahme der Familie Lots: Beide Städte werden durch Feuer- und Schwefelregen vernichtet.

Als Urgeschichte der Theodizee-Problematik, die in der Schwierigkeit einer Vereinbarkeit des Bösen in der Welt mit der Existenz eines allmächtigen und allgütigen Gottes besteht, darf in der hebräischen Bibel das Buch Hiob gelten. Hiob wird dort zunächst als äußerst frommer, rechtschaffener und gottesfürchtiger Familienvater dargestellt, der stets das Böse zu vermeiden sucht. An diesen Befund schließt ein Dialog zwischen Gott und dem Satan an, der die Frage aufwirft, ob der Grund für Hiobs tadelloses Verhalten nicht sein glückliches Leben in Wohlstand und Gesundheit sei und seine Gottesfurcht wohl ein Ende nähme, wenn ihm Unglück widerführe. Gott willigt daraufhin ein, Hiob durch den Teufel auf seine Gottesfürchtigkeit prüfen zu lassen. In der Folge stoßen Hiob zahlreiche Unglücksfälle bzw. physische Übel zu, die vom Verlust seines Viehs bis zur Auslöschung seiner Kinder reichen und schließlich auch Hiob selbst mit Krankheit schlagen. Doch entgegen dem Rat seiner Frau weigert sich Hiob, Gott zu verfluchen und zu sterben. Seine Freunde vermuten hinter seinem Unglück eine Strafe für begangene Sünden und moralische Übel, doch Hiob beharrt auf seiner Rechtschaffenheit und wird am Ende der Erzählung von Gott dafür belohnt, indem er gerechtfertigt und mit der doppelten

Menge an Besitz sowie erneuter Nachkommenschaft gesegnet wird.

Von den Urerzählungen des Bösen hat die Geschichte des Sündenfalls im Rahmen der Auslegungstradition des Talmud (»Studium«) und des Midrasch (»Suchen«) sowie der Mystik der Kabbala (»Überlieferung«) eine reiche Interpretation erfahren, die bis ins Mittelalter hinein wirkte (Oberhänsli-Widmer 2013: 29–31). Im Talmud und Midrasch rückt besonders der Begriff des bösen Triebs (*jezer ha-ra'*) ins Zentrum. Als solcher gehört der Trieb zur psychischen Grundausstattung des Menschen, wie er von Gott geschaffen wurde. Freilich muss dieser Trieb nicht notwendigerweise auch zu bösen Handlungen führen, denn dem Menschen wohnt gleichermaßen ein guter Trieb (*jezer ha-tov*) inne. Es liegt in seiner Freiheit (*ha-reschuth*), welchem Trieb er den Vorzug gibt (vgl. *Pirke Avot* 3,15).

Der jüdische Gelehrte Moses Maimonides (1135/1138–1204) hat in seiner Schrift *Führer der Unschlüssigen* einige wirkmächtige Interpretationen des Bösen gegeben. Maimonides unterscheidet drei Arten des Bösen. Zunächst eine Art von *malum physicum*, das den Menschen als Naturwesen betrifft, wenn er etwa an einer Krankheit leidet. Sodann führt Maimonides das erlittene Leid an, welches uns durch andere Menschen zustoßen kann und welches man ein passives *malum morale* nennen könnte. Dies ist für ihn in platonischer Tradition stets privativ, etwa durch Unwissenheit verursacht. Schließlich nennt Maimonides Übel, welche Menschen sich selbst antun und welche man als reflexives *malum morale* verstehen kann. Maimonides argumentiert dafür, dass alle Übel aus Privation entstehen, etwa durch endliche Materie wie im Falle des *malum physicum* oder durch Unwissenheit wie im Falle des *malum morale*. Auf diese Weise kann er sicherstellen, dass Gott nicht für die Übel in der Welt verantwortlich ist (Maimonides 1995: 49).

Im Gegensatz zu der auf die menschliche Psyche fokussierenden Tradition des Talmud wird in der mystischen Tradition der Kabbala und ihrer Theorie des *Zimzum* (»Konzentration«), die im 16. Jahrhundert von dem jüdischen Mystiker Isaak Luria begründet wurde, das Böse nicht mehr psychologisch und moralisch, sondern wesentlich kosmologisch und ontologisch verstanden (Schulte 2014: 77 f.). Gemäß der Lehre des *Zimzum* schafft Gott die Welt, indem er sich in seiner unbestimmten Unendlichkeit (*ain sof*; »es gibt kein Ende«), die metaphorisch als Urlicht verstanden wird, selbst einschränkt und zusammenzieht. Der dadurch gewonnene Raum wird der Schöpfung überlassen, die aus dieser Selbstbeschränkung in Form verschiedener Lichtemanationen (*sephiroth*), welche die Gestalt von Gefäßen haben, entsteht. Das Böse erklärt sich nach der Theorie des *Zimzum* nicht aus der freien Handlung des Menschen, sondern aus dem Zerbrechen dieser Gefäße (*schwirat ha-kelim*) durch übermäßige Lichtemanation. Ihre Scherben werden metaphorisch als Formen des Bösen wie Unordnung, Unreinheit und Endlichkeit der Materie gedeutet (Schulte 2014: 77).

Im 20. Jahrhundert hat vor allem der jüdische Religionsphilosoph Martin Buber eine neue Interpretation des Bösen gegeben. In seinem Buch *Bilder von Gut und Böse* (1952) versteht er das Böse im Sinne von Bildern, die sich der Mensch von der Welt macht, einer »Möglichkeitsbilderei«, die auch ein »Spiel der Selbstversuchung« ist (Buber 1953: 44 f.). Böse zu nennen ist diese insofern, als sie sich ihre eigene fiktive Welt schafft und damit von Gottes Schöpfung ablenkt. Zwar besitzt der Mensch wie Gott die Erkenntnis des Guten und des Bösen. Doch kann er anders als Gott nicht souverän über diese Differenz verfügen, sondern bleibt in ihr verhaftet. Buber bezieht sich ferner auf die talmudische Lehre des guten und des bösen Triebs im Menschen. Die Aufgabe des Menschen soll nun aber nicht darin bestehen, den bösen Trieb, der im Sinne der individuellen menschlichen Leidenschaft und Energie verstanden wird, zu unterdrücken oder auszulöschen. Das Ziel muss nach Buber vielmehr darin bestehen, ihn in eine Einheit mit dem guten Trieb, der auf Gott zielt, zu bringen.

2.2 Christentum

Auch das Christentum setzt bei der Bestimmung des Bösen beim Mythos des Sündenfalls an, doch zeigen sich in seiner Deutung erhebliche Unterschiede zum Judentum. Besonders deutlich wird dies am Begriff der Erbsünde (lat. *peccatum originale*). Die christliche Tradition versteht den Sündenfall als ein Urereignis, welches sich auf die gesamte auf Adam und Eva folgende Menschheit bezieht. Vor allem im Römerbrief des Apostel Paulus findet sich – vor dem Hintergrund des Kreuzestodes Jesu – eine Auseinandersetzung mit dem Sündenfall, der dort auf alle Menschen übertragen wird: »wie durch *einen* Menschen die Sünde in die Welt gekommen ist und der Tod durch die Sünde, so ist der Tod zu allen Menschen durchgedrungen, weil sie alle gesündigt haben« (Röm 5,12). Dieser Universalität der Sünde in allen Menschen setzt Paulus die universelle Gnade durch Jesus Christus entgegen: »wie in Adam alle sterben, so werden in Christus alle lebendig gemacht werden« (1 Kor 15,22). In diesem Zusammenhang nimmt Paulus eine Neubewertung der Gebote des Alten Testaments vor, die er als »Gesetz« bestimmt und denen er die Gnade des Neuen Testaments entgegensetzt. Das Gesetz wird nun nicht mehr primär als heilsbringende Verbindung zu Gott interpretiert, sondern als verhängnisvoller Erkenntnisgrund der allgemeinen Sünde der Menschen. Nach Paulus ist die vollständige Erfüllung des Gesetzes dem Menschen prinzipiell nicht möglich, so dass dieses nicht Heil, sondern gerade Unheil verheißt:

»als aber das Gebot kam, wurde die Sünde lebendig« (Röm 7,9). In diesem Zusammenhang erklärt Paulus die Sünde zu einer autonomen Macht und lässt sie aus der Forderung des Gesetzes entstehen: »Die Sünde aber nahm das Gebot zum Anlass und erregte in mir Begierden jeder Art; denn ohne das Gesetz war die Sünde tot.« (Röm 6,7) Paulus bringt hier das Phänomen der Willensschwäche ins Spiel, in welchem der Mensch innerlich zerrissen ist zwischen Geist (*pneuma*) und individueller Begierde bzw. »Fleisch« (*sarx*). Nicht das eigentliche Ich handelt in diesem Zustand, sondern die Sünde, die im Menschen wohnt. Paulus beschreibt diese innere Zerrissenheit des Menschen als Widerstreit von Wille und Handlung: »Wollen habe ich wohl, aber das Gute vollbringen kann ich nicht. Denn das Gute, das ich will, das tue ich nicht; sondern das Böse, das ich nicht will, das tue ich.« (Röm 7,18 f.) Die wirkmächtigste Form der Erbsündenlehre hat im Anschluss an Paulus der Kirchenvater Augustinus von Hippo (354–430) formuliert. Augustinus setzt bei der von Paulus in Römer 5,12 konstatierten Universalität der Sünde an, bezieht sich aber auf die lateinische Übersetzung des Neuen Testaments, die Vulgata, in welcher die kausale griechische Wendung »eph'hô« (»weil«) medial mit »in quo« (»in dem«, »worin«) übersetzt wird. Nach dieser Lesart haben in Adam alle Menschen gesündigt, so dass die Sünde durch ihn an alle auf ihn folgenden Menschen vererbt worden sei.

Auch die Figur des Teufels spielt in der christlichen Tradition eine zentrale Rolle. Vor allem in der johanneischen Theologie finden sich zahlreiche Charakterisierungen, die ihn als eine Art Gegenspieler Christi erscheinen lassen. Während der Mensch sich unter der Knechtschaft des Teufels befindet, der als »Menschenmörder« (*anthropoktónos*) und »Lügner« (*pseústês*) charakterisiert wird, kann allein Jesus Christus den Menschen aus dieser Gefangenschaft befreien und zur Wahrheit führen (Joh 8,34).

Die katholische Tradition hat den Begriff der Sünde weiter differenziert und zwischen ›Haupt-‹ bzw. ›Todsünden‹ und lässlichen Sünden unterschieden.[2] Das Spezifikum der Hauptsünde besteht darin, dass sich der Mensch aus freier Entscheidung von Gott abwendet und damit das Kommunikationsverhältnis der Liebe bewusst zerstört. Die Hauptsünden bestehen im Verstoß gegen die zehn Gebote sowie in Hochmut (*superbia*), Geiz (*avaritia*), Wollust (*luxuria*), Jähzorn (*ira*), Völlerei (*gula*), Neid (*invidia*) und Faulheit (*acedia*). In der lässlichen Sünde bleibt dagegen das Kommunikationsverhältnis der Liebe bestehen, auch wenn sie dieses verletzt. Diese Art der Sünde verstößt nicht gegen eines der Gebote, und der Verstoß erfolgt auch nicht in voller Absicht bzw. teilweise unbewusst.

2.3 Manichäismus

Hinsichtlich der Frage nach dem Ursprung des Bösen nimmt die Position des Manichäismus in der theologischen Debatte eine besondere Rolle ein. Sie ist benannt nach ihrem Stifter, dem persischen Denker Mani (216–276/7), der diese Bewegung als den Religionen seiner Zeit gleichrangig verstand. Beeinflusst von der philosophischen Strömung der Gnosis und durch Aufnahme zentraler christlicher Elemente gekennzeichnet, vertritt der Manichäismus die Auffassung, dass Gut und Böse nicht Formen einer Freiheit sind, die ein Individuum realisieren könnte, sondern vielmehr objektive dynamische Prinzipien, die sich in kosmologischer Dimension dualistisch entgegenstehen und bekämpfen. Ihre Opposition wird durch die Lichtmetaphorik von Hell und Dunkel illustriert und eröffnet ein breites Spektrum an Formen der Veranschaulichung und Manifestation. Im Gegensatz zu privativen Verständnissen des Bösen, wonach dieses einen bloßen Mangel des Guten darstellt, denkt der Manichäismus das Gute und das Böse konsequent in Gestalt von Mächten sowie einer komplexen Ordnung von Kontexten und Elementen situiert.[3] Das Böse wird im Manichäismus in maximaler Realität und Personifikation vorgestellt. Es wird damit auf besondere Weise anschaulich und den menschlichen Sinnen in seiner Konkretion qualitativ zugänglich gemacht.

Gut und Böse sind im Manichäismus in eine komplexe Kosmologie und Entstehungsgeschichte der Welt einbezogen. Gemäß diesem Entwurf haben vor der Entstehung der Welt zwei Grundprinzipien bzw. Naturen oder Substanzen existiert – das Gute und das Böse –, die beide nicht selbst erschaffen, d.h. ohne Anfang sind und nicht weiter auf ein Grundprinzip zurückgeführt werden können. Mani charakterisiert das Gute in Gestalt des »Vaters der Größe«, der im »Lande des Lichts« beheimatet ist, außerhalb dessen noch fünf weitere Wohnstätten (Äonen) existieren. Diese werden strukturell rationalistisch als geistige Vermögen Nous (Geist), Denken, Einsicht, Gedanke und Überlegung bestimmt. Die böse Natur charakterisiert Mani dagegen als »König der Finsternis« und als Stoff (*hýlê*). Das Reich des Bösen besteht in Sphären des Irrationalen und des Natürlichen – in der Welt des Rauches, der Welt des Feuers, der Welt des Windes, der Welt des Wassers und der Welt der Finsternis. Auch das Gegenprinzip des Lichts lässt sich in Analogie zum Prinzip des Bösen unter verschiedenen Aspekten weiter charakterisieren. Es wird als schön, wohlriechend, wissend, nutzbringend imaginiert, die Finsternis dagegen als hässlich, stinkend, töricht und schädlich bestimmt. Der Kampf zwischen beiden Mächten wird ausgelöst, weil der König der Finsternis den Entschluss fasst, in das Land des Lichts hinaufzusteigen und es anzugreifen. Daraufhin erschafft der König des Lichts durch Emanation eine Kraft im Dienste des Guten, die »Mutter des Lebens«, die wiederum den

»Ersten Menschen« und die fünf Elemente Wind, Licht, Wasser, Feuer und Luft erzeugt. Diese Elemente dienen dem Ersten Menschen als Rüstung und bilden die »Lebendige Seele«, mit der dieser gegen die Mächte der Finsternis kämpft. Der Erste Mensch wird jedoch von den Mächten der Finsternis samt seiner Seele besiegt, wobei auch die Elemente verschlungen werden. Die Welt ist demnach zwar von Gott geschaffen, seit diesem elementaren Kampf jedoch stets vermischt durch beide Naturen. Die Aufgabe, die der Manichäismus formuliert, besteht nun darin, diese Elemente in der Welt wieder zu scheiden und auf eine Weise zu trennen, die das Reich der Finsternis dauerhaft unschädlich zu machen vermag (Böhlig 2002: 30).

2.4 Islam

Wie Judentum und Christentum setzt auch der Islam bei seiner Bestimmung des Bösen mit der Erzählung des Sündenfalls an. Doch finden sich darin auch zahlreiche weiterführende Darstellungen. In Vers 35–39 der zweiten Sure und in Vers 19 der 7. Sure verführt nicht die Schlange den Menschen zum Bösen, sondern der Teufel (*Iblis*) bzw. der Satan (*Shaytan*). Dieser ist im islamischen Verständnis ein Engel, der sich dem Befehl Gottes, sich vor Adam niederzuwerfen, aus Hochmut verweigert hat, woraufhin er von Gott verflucht und aus dem Paradies vertrieben wurde (Koran 38,77 f.). Iblis kündigt nun an, alle Menschen zu verführen, mit Ausnahme derer, die Gott dienen (Koran 38,82 f.), und dies veranlasst Adam und Eva, ihre Schuld zu bekennen, welche darin besteht, dass sie gegen sich selbst gefrevelt haben (Koran 7,23). Der Teufel ist im Koran der Grund aller denkbaren bösen Handlungen, da er den Menschen durch verschiedene Verlockungen zum Bösen bringen und von Gott entfremden will

(Koran 5,90). Doch besitzt er im islamischen Verständnis keine Autonomie gegenüber Gott, die ihn zu einem bösen Gegenprinzip werden ließe. Vielmehr ist er stets ein Geschöpf Gottes, das den Menschen zwar listig auf die Probe stellt (Sure 67), darin aber die Einheit des Monotheismus nicht gefährdet (Pielow 2008: 110). Im Unterschied zum Christentum trägt also im islamischen Verständnis nicht der Mensch das Böse durch die Erbsünde in sich, sondern das Böse widerfährt ihm von außen (Pielow 2008: 53). Die 114. und letzte Sure des Koran schließt deshalb auch mit dem Geheiß, der Mensch solle sich vorsehen, dass ihm von außen, sei es durch andere Menschen oder durch einen Dämon (*Dschinn*), keine böse Gedanken eingeflüstert werden. Grund für die Anfälligkeit zum Bösen ist die Schwäche, die der Mensch von Natur aus besitzt (Sure 4,28). Angesichts der starken monotheistischen Orientierung kommt dem Bösen als einer eigenständigen, permanent in der Welt anwesenden Instanz im Islam eine im Vergleich zum Christentum geringere Bedeutung zu (Schulze 2003: 131 f.).

Von besonderer Bedeutung angesichts des Bösen ist in der islamischen Theologie der Begriff der Seele (arab. *nafs*). In der Joseph-Sure 12 heißt es, dass die menschliche Seele »gebieterisch nach dem Bösen« verlange (*an-nafs al-ammara*) (Koran 12,53). Die Aufhebung des Bösen wird nicht wie im Christentum an der Erlösung orientiert, sondern die Sünden der Menschen können im islamischen Verständnis durch gute Taten aufgewogen werden, wobei Gottes Gericht vollständigen Einblick in das Register von guten und bösen Handlungen hat (Koran 88,7 f.). Abhängig davon, ob dort die Waagschalen der guten und der bösen Handlungen schwerer oder leichter wiegen, droht dem Menschen die Höllenstrafe. Diese vollzieht sich in einer Hölle, die als ein wütendes Feuerwesen von extremen Ausmaßen personifiziert wird, welches sprechen kann (Koran 50,30). Die Hölle ist in verschiedene Ebenen untergliedert, die den Menschen je nach Art ihrer Sünden zugewiesen werden. Für die Heuchler ist der Grund der Hölle reserviert. Auch die Höllenqualen werden im Koran detailliert geschildert. Vor allem Qualen durch Verbrennungen, etwa durch das Anlegen von Feuerkleidern, spielen eine besondere Rolle (Koran 20,19). Die Bewohner der Hölle müssen sich von trockenen Dornsträuchern (Koran 88,6) und den Früchten des Zaqqum-Baumes ernähren, wobei letztere Teufelsköpfen ähneln und in den Bäuchen der Sünder wie flüssiges Metall kochen (Koran 44,43 f.).

Wie im Judentum und Christentum hat sich im Anschluss an diese Darstellungen des Bösen im Islam eine reiche Tradition von Interpretationen ergeben, die die entsprechenden Stellen der heiligen Schrift theologisch weiter entfalten. Die theologische Strömung der Mu'tazila etwa entstand zwischen dem 9. und 11. Jahrhundert. Der ihr zugehörige Theologe al-Dschāhiz (~776–869) entwickelt eine philosophisch ambitionierte Theorie, wonach das Böse in der Welt notwendigerweise existieren müsse, um Unterscheidungen zur Erkenntnis und Bewertung der Welt überhaupt zuzulassen. Für ihn steht fest,

> »dass das Wohl der Welt vom Anfang bis zum Ende ihrer Dauer in der Vermischung des Guten mit dem Bösen, des Schädlichen mit dem Nützlichen, des Abscheulichen mit dem Angenehmen, der Erniedrigung mit der Erhöhung und der Menge mit dem Wenigen besteht. Wenn das Böse unvermischt wäre, ginge die Schöpfung zugrunde; wenn das Gute rein wäre, hätte die Prüfung, die uns auferlegt wurde, keine Daseinsberechtigung mehr, und die Ursachen der Überlegung würden verschwinden.«[4]

Neben dieser theologischen Interpretationstradition des Bösen findet sich im Islam auch eine philosophische, die stark von der griechischen Philosophie beeinflusst ist. Im Sinne des Neuplatonismus kommt nach einem seiner Hauptvertreter al-Farabi (872–

950) dem Bösen kein eigenes Sein zu, sondern es ist vielmehr etwas durch und durch Privatives. Ebenso hat der Philosoph Ibn Rushd (Averroës) (1126–1198) unter dem Einfluss der aristotelischen Ethik und im Rahmen einer teleologischen Auffassung der Welt eine Theorie des Bösen entwickelt, wonach das Sein in der Tendenz zum Guten bestehe, und damit eine ontologische Privationstheorie des Bösen vertreten (Schulze 2003: 171).

3. Philosophien des Bösen

3.1 Platon

Bei Platon (428/7–348/7) wird das Böse an vielen Stellen zum Gegenstand eines dialogischen Gesprächs gemacht, wobei der platonische Sokrates noch nicht streng zwischen physischem und moralischem Übel unterscheidet. Für ihn steht fest, »dass alles Verderbende und Zerstörende das Böse (gr. *kakón*) ist, das Erhaltende aber und Fördernde das Gute (*agathón*)« (608e). Im zehnten und letzten Buch des Dialogs *Politeia* (613e ff.) verwickelt Sokrates seinen Gesprächspartner Glaukon in eine Diskussion über das Böse, welches er durch den Mythos des *Êr*, eines wieder vom Tode auferstandenen Kriegers, illustriert. *Êrs* Seele habe im Jenseits gesehen, wie den Gerechten nach dem Tode Lohn, den Ungerechten aber Strafe für ihre irdischen Taten zuteilgeworden sei. Der Mythos legt nahe, dass die Seelen selbst für ihr Lebensschicksal (*daímôn*) verantwortlich sind:

> »Nicht euch wird der Dämon erlosen, sondern ihr werdet den Dämon wählen. Wer aber zuerst gelost hat, wähle zuerst die Lebensbahn, in welcher er dann notwendig verharren wird. Die Tugend ist herrenlos, von welcher, je nachdem jeglicher sie ehrt oder geringschätzt, er auch mehr oder minder haben wird. Die Schuld ist des Wählenden; Gott ist schuldlos.« (617de)

Das Gute besteht angesichts dieser Verhältnisse darin, »ein mittleres Leben (*mésos bíos*) zu wählen und sich vor dem Übermäßigen nach beiden Seiten hin zu hüten« (619a). Auch im zweiten Buch der *Politeia* argumentiert Sokrates dafür, »dass Gott nicht an allem Ursache ist, sondern nur an dem Guten« (380c).

Im Dialog *Theaitetos* wird das Böse als notwendiges Gegenprinzip zum Guten in der Welt dargestellt, welches nur im endlichen Leben vorkommt: »Das Böse [...] kann weder ausgerottet werden, denn es muss immer etwas dem Guten Entgegengesetztes geben, noch auch bei den Göttern seinen Sitz haben. Unter der sterblichen Natur (*thnêtê phýsis*) aber, und in dieser Gegend zieht es umher jener Notwendigkeit gemäß.« (176a) Ein Ausweg aus der sterblichen Natur und ihrer notwendigen Behaftung mit dem Bösen kann nach Platon deswegen nur in einer »Verähnlichung mit Gott« (*hômoiôsis theô*) bestehen.

Im Dialog *Nomoi* wird der Grund des Bösen im Verhältnis der Seele zur göttlichen Vernunft (*noûs theós*) thematisch. Wenn die Seele diese Vernunft stets beachtet, so führt dies zum Guten und Glück; wenn sie sich hingegen der Unvernunft (*anoía*) anschließt, so handelt sie böse (897b). Das Böse ist nach Platon also allein auf den Menschen zurückzuführen. Wie ist aber die Entscheidung zum Bösen genau zu verstehen? Im Dialog *Gorgias* erwägt Sokrates die These, »niemand täte mit Willen Unrecht, sondern alle Unrechttuenden täten Unrecht wider Willen (*akôn*)« (509e). Und im Dialog *Protagoras* äußert Sokrates die Vermutung, »daß niemand aus freier Wahl dem Bösen nachgeht oder dem, was er für böse hält« (358c). Hier stellt sich also die Frage nach der Möglichkeit unmoralischen Handelns wider besseres Wissen. Indem Platon das Gute eng an die Realisierung des Vernünftigen bindet, kann das Böse nur aus Unvernunft stammen. Was aber aus Unvernunft stammt, kann selbst nur defizitär sein. Das Böse ist demnach dem Guten ontologisch untergeordnet. Und damit wird die Frage virulent, ob nicht gerade auch böse Handlungen aus rationalen Gründen begangen werden können. Dieses Problem der Irrationalität des Bösen verschärft sich noch, wenn es im Kontext von Platons Ideenlehre betrachtet wird. In Platons Sonnengleichnis wird die Idee des Guten als Erkenntnis- und Seinsgrund der Realität beschrieben:

»Wenn sie [scil. die Seele] sich auf das heftet, woran Wahrheit und das Seiende glänzt, so bemerkt und erkennt sie es, und es zeigt sich, daß sie Vernunft hat. Wenn aber auf das mit Finsternis Gemischte, das Entstehende und Vergehende, so meint sie nur und ihr Gesicht verdunkelt sich so, daß sie ihre Vorstellungen bald so, bald so herumwirft, und wiederum aussieht, als ob sie keine Vernunft hätte. [...] Dieses also, was dem Erkennbaren Wahrheit mitteilt und dem Erkennenden das Vermögen hergibt, sage, sei die Idee des Guten; aber wie sie der Erkenntnis und der Wahrheit als welche erkannt wird, Ursache zwar ist, so wirst du doch, so schön auch diese beide sind, Erkenntnis und Wahrheit, doch nur, wenn du dir jenes als ein anderes und noch Schöneres als beide denkst, richtig denken.« (508de)

Angesichts dieser Bindung der Erkenntnis an das Gute stellt sich die Frage, inwiefern das Böse in der Welt überhaupt existieren kann, wenn, wie der platonische Sokrates nahelegt, »dem Erkennbaren nicht nur das Erkanntwerden von dem Guten komme, sondern auch das Sein und Wesen« (509b). Das Böse scheint unter diesen Bedingungen nicht nur nicht erkennbar zu sein, sondern überhaupt nicht existieren zu können.

Im Ausgang von Platon hat der Neuplatoniker Plotin (205–270) die ontologische Unterordnung des Bösen unter das Gute in seinen *Enneaden* weiterentwickelt. Plotin löst das Böse aus innersubjektiven und anthropologischen Kontexten, die das Verhältnis von Wille und Vernunft betreffen, und fasst das Böse stattdessen kosmologisch auf. Für ihn »ist das Böse nicht unter den seienden Dingen enthalten, noch in dem Jenseits des Seienden; denn dies alles ist ja gut« (Enn, 203). Daraus folgt, dass das Böse seinen Grund im Mangelhaften und im Nichtsein hat. Es ist »immer unbestimmt und niemals ruhend, jeglicher Einwirkung unterworfen, nie zu ersättigen, vollständige Armut« (Enn, 204). Plotin bestimmt das Böse als ein durch und durch privatives Phänomen. Es besteht »in der Abwesenheit jegliches Guten« und in der »Beraubung« (*stérêsis*) (Enn, 201). Konkret zeigt sich das Böse an der Natur der materiellen Körperdinge, insofern diese im Gegensatz zu den Ideen vergänglich sind, »denn die Gestalt, die sie an sich tragen, ist nicht wahrhaft Gestalt, sie sind des Lebens beraubt, sie vernichten einander« (Enn, 207).

3.2 Augustinus

Der Kirchenvater Augustinus von Hippo (354–430) führt in seiner Schrift *De libero arbitrio* (»Vom freien Wahlvermögen«) weitere Unterscheidungen im Hinblick auf Wesen und Herkunft des Bösen ein, die für die auf ihn folgenden Theorien des Bösen überaus einflussreich sein sollten. Die Leitfrage, die in dieser Schrift erörtert wird, lautet *unde male faciamus* (»woher kommt es, dass wir böse handeln?«). Die Fragepartikel »*unde*« (»woher«) kann mindestens auf zwei Arten verstanden werden: zum einen im Sinne des Erfragens der Herkunft, zum anderen im Sinne der spezifischen Handlungsart des Bösen. Augustinus unterscheidet zwischen zwei Verwendungsweisen von »böse« (*malum*): »Zum einen sagen wir, jemand habe etwas Böses getan, zum andern, etwas Schlechtes sei erlitten worden.« (DLA, 75) Hier wird bereits die Unterscheidung von physischem und moralischem Übel (*malum physicum* und *malum morale*) angesprochen.

Die augustinische Theorie des Bösen basiert auf der theologischen Prämisse, wonach Gott nicht die mittelbare oder unmittelbare Ursache des Bösen sein kann, weil er allgütig und allmächtig ist. Für Augustinus stellt sich daher folgende Frage: »Gibt es also einen anderen Urheber desjenigen Übels, das [...] nicht von Gott verursacht wird?« (DLA, 75) Hier bieten sich unmittelbar zwei Antworten an: Das Böse könnte von einem dem Guten (bzw. dem Licht) diametral entgegengesetzten metaphysischen Weltprinzip (dem Dunkel) stammen, wie etwa der Manichäismus annimmt. Augustinus lehnt jedoch einen solchen Dualismus ab, weil dieser die Allmächtigkeit Gottes beschränken würde. Somit kann das Böse nur auf den Menschen als Urheber zurückgeführt werden, und die Betrachtung verlagert sich auf die Handlungsart des Bösen. Was genau ist es, das den Menschen dazu bringt, böse zu handeln? Als eine erste Ursache bieten sich die menschlichen Neigungen und Triebe an. Aber auch diese Erklärung verwirft Augustinus. Für ihn steht fest, »daß nichts anderes den Geist zum Genossen der Begierde macht als der eigene Wille und die freie Entscheidung« (DLA, 105). Auch kann das Böse nicht in den Gegenständen der Handlung liegen: »Es ist völlig klar, daß nicht die Dinge selbst zu beschuldigen sind, sondern die Menschen, die sie schlecht gebrauchen.« (DLA, 123) Nach Augustinus ist also der willentliche Gebrauch (lat. *usus*) der Dinge für die Qualifzierung einer Handlung als gut oder schlecht ausschlaggebend. Die Verantwortung für das Böse trägt jedes einzelne Individuum selbst.

Wie ist ein schlechter Gebrauch der Dinge näher zu verstehen? Das Böse besteht für Augustinus in einer spezifischen Haltung gegenüber der universellen Ordnung des Guten: »das Böse ist seine Abkehr (*aversio*) vom unwandelbaren Gut und seine Hinkehr (*conversio*) zu den veränderlichen Gütern (*mutabilia bona*).« (DLA, 203) Diese Abkehr im Bösen zeigt, dass Augustinus in Ansätzen bereits eine Perversionstheorie vertritt. Damit ist jedoch die Frage nach dem Grund des Bösen noch nicht beantwortet. Denn worin gründet die Abkehr vom Guten? Bei der Beantwortung dieser Frage redet Augustinus einer Privationstheorie das Wort: »Jene Bewegung der Abkehr, die wir Sünde genannt haben, ist eine Bewegung zum Mangel, aller Mangel aber stammt vom Nichts.« (DLA, 205) Das Böse ist in seiner Realität gegenüber dem Guten ontologisch depotenziert, was sich an seiner spezifischen Kausalität zeigt: »So frage mich niemand nach der bewirkenden Ursache (*efficientem causam*) des bösen Willens. Denn da gibt's keine bewirkende, sondern nur eine versagende (*deficiens*), weil keine Wirkung (*effectio*), sondern nur Versagen (*defectio*).« (CF, 12, 522) Als ein solches Versagen bzw. ein Unvermögen der Freiheit bringt die defizitäre Verursachung des Bösen epistemische Einschränkungen mit sich: »Die Ursachen solchen Abfalls, die ja, wie gesagt, keine wirkenden, sondern versagende sind, ausfindig machen wollen, hieße die Finsternis sehen, Schweigen hören wollen.« (CF, 12, 522f.)

Augustinus analysiert das Böse weiter, indem er es vor dem Hintergrund der von ihm entwickelten Freiheitstheorie betrachtet. Die systematische Bedeutung der augustinischen Freiheitstheorie besteht in ihrem Begriff eines reflexiven Willens (Noller 2016: 64ff.). Der Wille ist insofern reflexiv, als er sich auf primär im Subjekt vorfindliche Willenstendenzen beziehen und diese verwerfen oder annehmen kann. Im Dialog mit seinem Freund Evodius bemerkt Augustinus: »Wundere dich also nicht, daß, wenn wir das übrige durch den freien Willen gebrauchen (*per liberam voluntatem utimur*), wir auch den freien Willen selbst durch ihn selbst gebrauchen können, so daß sich der Wille, der das übrige gebraucht, in gewisser Weise selbst gebraucht (*ut quodam modo se ipsa utatur voluntas quae utitur ceteris*).« (LA, 201) Nach Augustinus ist es also möglich, sich willentlich durch das Entscheidungsvermögen (*liberum arbitrium voluntatis*) auf die unmittelbar objektorientierten Willenstendenzen (*voluntates*) zu beziehen und so sein Wollen selbst zu bestimmen, d.h. den eigenen Willen zu einer gewollten Einheit (der *voluntas*) zu bilden und in ein Ganzes zu integrieren.

Durch seine reflexive Willenstheorie, die sich entschieden von der platonischen These abgrenzt, wonach »niemand aus freier Wahl dem Bösen nachgeht oder dem, was er für böse hält« (*Protagoras*, 358c), kann Augustinus in historischer Hinsicht als der »erste Philosoph des Willens« (Arendt 1979: 82) gelten. Augustinus bestimmt den Willen angesichts seiner reflexiven Zwischenstellung als »mittleres Gut« (*medium bonum*) und verortet ihn zwischen »Tugenden, durch die man rechtschaffen lebt«, die »große Güter« (*magna bona*) sind, und den »Gestalten irgendwelcher Körper, ohne die man durchaus rechtschaffen leben kann«, welche »die kleinsten Güter« (*minima bona*) darstellen. Der Unterschied zwischen den Tugenden und dem Willen besteht darin, dass der Wille als geistiges Vermögen intentional flexibel ist, der Mensch den Willen »nicht nur gut, sondern auch schlecht gebrauchen« (*bene et male uti*) kann, während dies bei den Tugenden nicht der Fall ist – sie sind intrinsisch gut (LA, 198 ff.)

Wie verhalten sich das Gute und das Böse zum Willen? Für Augustinus steht fest, »daß nichts anderes den Geist (*mens*) zum Genossen der Begierde macht als der eigene Wille (*propria voluntas*) und die freie Entscheidung (*liberum arbitrium*)« (LA, 105). Das Gute besteht darin, sich »dem gemeinsamen (*commune*) und unwandelbaren (*incommutabile*) Gut« anzuschließen. Das Böse liegt dementsprechend in einer Abwendungsbewegung begründet: »[D]er Wille, der sich vom unwandelbaren und gemeinsamen Gut abwendet (*voluntas aversa*) und sich dem privaten Gut, dem Äußeren oder dem Niederen zuwendet (*conversa*), sündigt.« (LA, 203) Entscheidend für den Status einer guten oder bösen Handlung ist also nicht das angestrebte Objekt bzw. Gut (*bonum*) selbst, sondern die Art und Weise des Erstrebens dieser Objekte, also die Willensabsicht. Der Mensch sündigt deshalb nach Augustinus »nicht mit Notwendigkeit (*necessitate*), sondern durch den Willen (*voluntate*)« (LA 215). So kann der freie Wille Gebrauch von seinen Gegenständen machen, und dieser spezifische gute oder schlechte Gebrauch kann ihm dann auch zugerechnet werden: Es ist »nichts so sehr in unserer Macht wie der Wille selbst«, so »daß es am Willen liegt, was jeder als zu Erjagendes und zu Umfangendes wählt, und daß der Geist (*mens*) durch nichts aus der Burg seiner Herrschaft (*arx dominandi*) und aus der rechten Ordnung (*recto ordine*) herausgeworfen wird als nur durch den Willen« (LA, 123).

Dieser Gebrauch des Willens ist selbst rational strukturiert, jedoch nicht im Sinne einer allgemeinen, sondern der individuellen Vernunft. Augustinus führt in diesem Zusammenhang die Unterscheidung von Geist (*mens*) und Vernunft (*ratio*) ein. Das Verhältnis beider Vermögen besteht darin, dass der Geist die Vernunft gebrauchen kann (*uti posse*) und so selbst zu einer individuellen rational-voluntativen Aktivität wird (LA, 101). Damit ist nach Augustinus ausdrücklich eine Freiheit zum Bösen möglich (*facimus ex libero voluntatis arbitrio*), denn auch diese Entscheidung ist durch den Geist begründet (LA, 125).

3.3 Thomas von Aquin

Der italienische Dominikanermönch und Philosoph Thomas von Aquin (1225–1274) hat mit seiner Theorie des Bösen ebenso wie Augustinus versucht, mehreren Anforderungen gerecht zu werden: (i) Das Böse darf nicht aus Gott stammen, denn dies widerspricht seinem Begriff. (ii) Das Böse darf nicht aus einem Gott entgegengesetzten bösen Prinzip stammen, denn dies würde zu einem Dualismus bzw. Manichäismus führen, was ebenfalls der

Allmacht Gottes widerspräche. (iii) Das Böse muss dem Menschen zurechenbar sein. Thomas wendet sich bei der Bestimmung des Bösen dem menschlichen Willen zu, bringt diesen aber zugleich in ein Verhältnis zum Vermögen der Vernunft. Wille und Vernunft unterscheiden sich hinsichtlich ihrer spezifischen Objekte: Der zu erkennende Gegenstand der Vernunft ist das Wahre (*verum*), während das zu begehrende Objekt des Willens das Gute (*bonum*) ist. Dabei lassen sich aber die Gegenstände der einzelnen Vermögen durch das jeweils andere Vermögen perspektivieren und gebrauchen: »Das Wahre ist in gewisser Hinsicht ein Gut (*quoddam bonum*) und das Gute etwas Wahres (*quoddam verum*), wodurch die Gegenstände des Willens unter die Vernunft und diejenigen der Vernunft unter den Willen fallen können.« (ST I, q. 87, a. 4 ad 2) Vernunft und Wille befinden sich also im Verhältnis gegenseitiger Inklusion: Der Wille vermag sich voluntativ auf die Erkenntnis der Vernunft zu beziehen und ebenso die Vernunft das Wollen des Willens erkennen, so dass Wille und Vernunft durch ihre Reflexivität im konkreten Wahlakt stets in Paarungen vorkommen. Der Grund für diese Verwobenheit von Willens- und Rationalitätsvermögen besteht in ihrer gemeinsamen Verwurzelung in der menschlichen Seele.

Thomas entwickelt eine privative Theorie des Bösen. Natürliches wie Vernünftiges streben von der Möglichkeit zur Wirklichkeit des Guten. Erstrebenswerte Güter können einerseits allgemeinvernünftiger, andererseits konkret-sinnlicher Natur sein. Zwar strebt jeder Wille naturhaft (*naturaliter*) und ganz allgemein nach Glückseligkeit. Die allgemeine Glückseligkeit führt notwendigerweise zum moralisch Guten, wenn sie auf ideale und irrtumsfreie Weise erstrebt wird. Allerdings besteht nach Thomas im Bereich des Besonderen und Einzelnen die Möglichkeit, etwas als gut anzusehen, das in Wirklichkeit eine Sünde darstellt, wie etwa die Wollust (*voluptas*). Dass der Wille trotz seiner apriorischen Ausrichtung auf das allgemeine Gute und die Glückseligkeit von dieser Tendenz manchmal dennoch abweicht und das Böse erstrebt, hängt damit zusammen, »daß das Böse sich ihm unter dem Schein des Guten (*sub specie boni*) darstellt«, so dass »in der Erkenntniskraft ein Versagen (*defectus*) vorausgeht, wodurch ihm das Böse als gut vor Augen gestellt wird« (QdLA, 257). Eine Sünde wird nach Thomas also »nur durch die Wahl eines Scheinguten begangen«; durch diesen Schein des Guten ist eine gewisse Wahl und Entscheidung immer noch vorhanden – auch wenn diese Entscheidung auf einer Täuschung beruht. Thomas bestimmt das Böse im Rahmen einer Privationstheorie: »Privationen [...] werden nicht verstärkt, als hätten sie irgendein Wesen, wie Qualitäten und Formen [...] sondern durch die Verstärkung einer mindernden Ursache: so ist die Luft um so finsterer, je mehr Hindernisse vor die Lichtquelle gestellt sind, denn so ist sie weiter von der Teilhabe am Licht entfernt.« (ScG, 37) Das Schlechte und Böse hat deswegen keine Wirkursache (*causa efficiens*), sondern eine Mangelursache (*causa deficiens*). Anders als bei den herstellenden Künsten und ihren Produkten (z.B. einem schlecht gefertigten Stuhl) kann im Sittlichen nicht direkt an der Handlung (als Hervorbringung) erkannt werden, ob diese böse ist: »Das sittlich Schlechte [...] zeigt sich nicht an Materie oder Form der Wirkung, sondern folgt allein aus dem Handelnden.« (ScG, 41)

Worin besteht aber dann das ›Einfallstor‹, und wo ist das Böse zu verorten? »Übrig bleibt also, daß sich der sittliche Fehler allein in der Tätigkeit des Willens zuerst und hauptsächlich findet: und vernünftigerweise heißt eine Tätigkeit auch darum sittlich, weil sie willentlich ist. In der Tätigkeit des Willens also sind Wurzeln und Ursprung der sittlichen Verfehlung [der Sünde] zu suchen.« (ScG, 43) Gäbe es nicht die Instanz des Willens, der zwischen die anderen menschlichen Vermögen geschaltet ist, so würde eine Handlung automatisch erfolgen, ohne jegliche Kontrolle. Der Wille als Zwischeninstanz kann sich gegenüber den erkannten Gegenständen des Guten und Bösen also frei verhalten, ebenso gegenüber der Vernunft und der bewegenden Kraft. Aber auch hier, innerhalb des Willens, sind weitere Unterscheidungen zu treffen – der Wille weist eine in sich differenzierte Struktur auf. Der sittliche Fehler darf nämlich nicht durch einen natürlichen Mangel des Willens bzw. durch eine Prädetermination verursacht worden sein: »Wenn dieser Mangel ein natürlicher sein sollte, so haftete er dem Willen immer an: also würde der Wille im Tätigsein immer sittlich fehlgehen; daß dies falsch ist, zeigen die Tätigkeiten aus Tugend.« (ScG, 43) Ebenso darf aber auch der sittliche Fehler nicht derart willentlich verstanden werden, als ob er grundlos entstanden sei: Er darf »nicht zufällig und unvorhergesehen (sein), denn dann gäbe es in uns keine sittliche Verfehlung: das Zufällige ist nämlich unvorbereitet und außerhalb der Vernunft. Er ist also willentlich [der Mangel im Willen].« (ScG, 45)

Wie ist also die Willensstruktur des *malum morale* beschaffen angesichts der These, dass dieses immer vom *bonum* ontologisch abhängig ist? Thomas charakterisiert das Böse als ein bestimmtes Verhältnis zur Vernunftordnung:

> »Wenn also der Wille, bewegt von der Erkenntnis der Vernunft, die ihm das ihm eigene Gute vorstellt, zur Aktivität strebt, so folgt die rechte Tätigkeit [Handlung]. Wenn sich aber der Wille zu einer Tätigkeit durch die (bloße) Erkenntnis der sinnlichen Erkenntniskraft oder der Vernunft, die ein anderes Gutes, das von dem ihm eigenen Guten verschieden ist, vorstellt, vorschnell verleiten läßt, so folgt in der Tätigkeit des Willens eine sittliche Verfehlung.« (ScG, 45)

Als Vollzug ist das moralisch Böse etwas Gutes (ein *bonum*), da es am Verhältnis verschiedener erstrebenswerter Güter auftritt.

Doch der Vollzug ist unordentlich im Sinne eines Ausweichens oder Abdriftens von der allgemeinen Ordnung: »Im Willen geht also der Verfehlung (im Stadium) der Tätigkeit ein Mangel der Hinordnung (*ordo*) auf die Vernunft (*ratio*) und auf das ihm eigene Ziel voraus [...], wenn der Wille z.B. bei einer plötzlichen Sinneswahrnehmung nach einem sinnlich lustvollen Guten strebt.« (ScG, 45) Das Entscheidende dabei ist, dass der Wille die Vernunft selbst auf seine privaten, sinnlichen Güter lenken kann:

> »Es mangelt an Hinordnung auf das rechte Ziel aber, wenn die Vernunft z.B. durch Schlußfolgern auf irgendein Gutes verfällt, das entweder zu diesem Zeitpunkt oder in dieser Weise nicht gut ist, und wenn dann dennoch der Wille danach strebt, als sei es das ihm eigene Gute. Dieser Mangel an Hinordnung aber ist willentlich: denn in der Macht des Willens stehen Wollen und Nichtwollen. Ebenso steht in seiner Macht, ob die Vernunft aktuell überlegt oder von der Überlegung abläßt oder ob sie dies bzw. jenes überlegt. Trotzdem ist dieser Mangel nicht ein sittlich Böses: ob die Vernunft nämlich nichts überlegte oder welches Gute auch immer bedächte, ist noch nicht Verfehlung, bis der Wille nach dem unrechten Ziel strebt. Das aber ist bereits eine Aktualisierung des Willens.« (ScG, 45 f.)

Das moralisch Böse besteht also nach Thomas von Aquin im willentlich-vernünftigen Herstellen einer vernunftwidrigen Ordnung, d.h. im Grunde in einer gewollten Unordnung. Darum ist das Böse auch im Grunde nichts Seiendes, sondern ein Mangel an vernünftiger Ordnung des Guten. Das Böse lässt sich mit einem performativen Selbstwiderspruch vergleichen: Durch seine Aktivität als Mangelursache zerstört es den Grund seiner Aktivität und entzieht sich selbst die Grundlage.

3.4 Hobbes

Im Unterschied zu Augustinus und Thomas von Aquin, die ihr Augenmerk vor allem auf die Willensstruktur des Bösen lenken, wird das Phänomen des Bösen bei Thomas Hobbes (1588–1679) im Kontext der natürlichen Individualität und Eigensinnigkeit sowie der Eigenschaft des Menschen als Gesellschaftswesen thematisiert. In seiner Schrift *Leviathan* entwickelt Hobbes eine pessimistische Anthropologie, wonach die Motive des Menschen letztlich individualistisch und eigennützig sind, und vertritt dabei einen konsequenten Naturalismus. Hobbes versteht die Unterscheidung von Gut und Böse als relativ zu bestimmten Bezugssystemen, seien sie natürlicher, individueller oder kollektiver Natur:

> »Denn diese Worte gut, schlecht und verächtlich werden stets mit Beziehung auf die Person benutzt, die sie gebraucht; nichts ist nämlich einfach und absolut so, und es kann auch keine allgemeine Regel von Gut und Schlecht aus der Natur der Objekte selbst abgeleitet werden, sondern von der Person des Menschen, wo es kein Gemeinwesen gibt, oder in einem Gemeinwesen von der Person, die es repräsentiert, oder von einem Unparteiischen oder Richter, den die Menschen, wenn sie uneins sind, einmütig einsetzen und dessen Urteil sie zur Regel machen sollten.« (L, 42)

Hinsichtlich ihrer geistigen Fähigkeiten geht Hobbes von einer Gleichheit der Menschen aus, die ihre Ähnlichkeit an körperlichen Kräften noch übersteigt. Verbunden sind mit diesen geteilten geistigen Fähigkeiten bestimmte Ziele, die die Menschen gewöhnlich realisieren möchten und auf die sie ihre Hoffnung setzen. Diese Ziele betreffen nach Hobbes vor allem die natürliche Selbsterhaltung, daneben aber auch den persönlichen Lustgewinn. Hobbes erblickt den Grund von Gewalt und Feindschaft in konkurrierenden Zielen der Menschen, da ein jeder zur Durchsetzung des Ziels, zu dem er sich von Natur aus berechtigt fühlt, den Konkurrenten von der Verfolgung entgegenstehender Ziele mit Gewalt abbringen möchte. Die Welt besteht nach Hobbes in ständiger Unsicherheit um die Realisierung der eigenen Ziele und um die Bewahrung des eigenen Besitzes, so dass eine vollständige Sicherheit nur dann gegeben ist, wenn alle möglichen Konkurrenten und Gegner unterworfen sind.

In der Natur des Menschen identifiziert Hobbes drei Hauptursachen für gewalttätige Auseinandersetzungen, die er als Konkurrenz, Unsicherheit und Ruhmsucht bestimmt (L, 104). Durch diese anthropologischen Konstanten befinden sich alle Menschen »im Krieg eines jeden gegen jeden« (ebd.). Dieser Kriegszustand zeigt sich nach Hobbes nicht nur in tatsächlichen Kampfhandlungen und Kriegen, sondern in dem Hang und der grundsätzlichen Bereitschaft des Menschen, für seine Interessen zur Not auch gewaltsam einzustehen. Dementsprechend sind die Zeiten, in denen Menschen in wirklichem Frieden leben, naturgemäß sehr begrenzt. Hobbes betont jedoch, dass die menschliche Natur als solche nicht schlecht oder böse genannt werden könne, solange den Menschen nicht Gesetze bekannt seien, die bestimmte Handlungen verbieten. Eine Möglichkeit der Befriedung sieht er in der Etablierung einer »gemeinsamen Macht«, indem die Menschen ihre individuellen Interessen per Vertrag auf eine andere Instanz übertragen und durch eine solche Ermächtigung »den Willen jedes einzelnen durch Stimmenmehrheit zu einem einzigen Willen machen« (L, 145 f.). Erst durch die Entwicklung eines solchen Gemeinwesens, das Hobbes als mächtigen »Leviathan« personifiziert, kann eine verbindliche Rahmenordnung Gültigkeit erlangen, innerhalb deren objektive Bewertungen menschlichen Handelns möglich sind. Hobbes plädiert außerdem dafür, das Prinzip von Rache und Vergeltung aufzugeben und Strafen ausschließlich zur Verbesserung von Übeltätern zu verhängen (L, 128). Erst die vertragliche Konstitution eines staatlichen Gemeinwesens ermöglicht nach Hobbes die Realisierung des Guten. Jean-Jacques Rousseau wird dieses Verhältnis später gerade umkehren, insofern er die Quelle des Bösen im Vernunftzustand erblickt und dagegen den Naturzustand aufwertet.

3.5 Leibniz

Während Augustinus und Thomas von Aquin vor allem das *malum morale* und das *malum physicum* ins Zentrum rücken und anhand der Struktur des Willens eher die subjektive Dimension des Bösen thematisieren, wendet sich Gottfried Wilhelm Leibniz (1646–1716) der Frage nach der kosmologischen Dimension des Bösen, dem *malum metaphysicum*, zu und stellt sich die Frage, in welchem Zusammenhang das Böse mit Gott und dem Universum steht. Leibniz' Schrift *Theodizee* (von gr. *theós*, Gott, und *díkê*, Gerechtigkeit) versucht, die Frage nach der Herkunft des Bösen angesichts der Allgüte und Allmächtigkeit Gottes mit der in ihr entwickelten Theorie der möglichen Welten zu beantworten. Eine mögliche Welt ist nach Leibniz ein beliebiger Zustand des Universums, solange er im Rahmen des logischen Raumes bleibt, d.h. logisch widerspruchsfrei gedacht werden kann. Leibniz vertritt nun die auf den ersten Blick kontraintuitive These, wonach die tatsächliche Welt von Gott als die beste aller möglichen Welten erwählt worden sei. Angesichts des unbestreitbar vorkommenden Schlechten – sei es physisch oder moralisch – erscheint diese These unmittelbar als wenig einleuchtend: Sollte unsere Welt wirklich die beste aller möglichen Welten sein? Darauf ließe sich doch leicht entgegnen: Nein, das ist sie gerade nicht, »denn die Welt hätte ja sündlos und ohne Leiden sein können« (T, 101). Dass eine solche Welt ohne Übel möglich wäre, will Leibniz gar nicht leugnen: »aber was ich bestreite, ist, daß sie dann besser wäre.« (ebd.)

Wie gelangt Leibniz zu dieser auf den ersten Blick ebenfalls kontraintuitiven These? Nach Leibniz ist jede Welt holistisch verfasst. Diese Ordnung macht er anhand eines Phänomens anschaulich, welches eine gewisse Ähnlichkeit mit dem sogenannten Schmetterlingseffekt hat: »[J]edwedes Universum ist ein Ganzes aus einem Stück, gleich dem Ozean; die geringste Bewegung breitet sich in beliebige Entfernung aus, wenn sie auch schwächer und schwächer wird entsprechend dieser Entfernung.« (ebd.) Aufgrund seiner metaphysischen Endlichkeit ist der Mensch faktisch nicht in der Lage, alle Konsequenzen einer Handlung oder eines Ereignisses abzusehen, so dass es ihm unmöglich ist, diese abschließend zu beurteilen. Bei der aktualen Welt handelt es sich Leibniz zufolge also um ein heikles, hochgradig austariertes System, welches angesichts der Ausgangsbedingung der menschlichen Endlichkeit die bestmögliche Realisierung der zugrunde liegenden Option darstellt: »Wenn somit das geringste Übel, das in der Welt eintrifft, fehlte, es wäre nicht mehr diese Welt, die, alles in allem, von dem sie auswählenden Schöpfer als die beste befunden worden ist.« (ebd.) »Zwar kann man sich«, so Leibniz, »Welten ohne Sünde und ohne Unglück vorstellen, und so etwas daraus machen wie die Romane von Utopien [...]; aber diese Welten würden im übrigen der unsrigen erheblich nachstehen.« (T, 102)

Welches sind die Argumente, die Leibniz zu seiner These der besten aller möglichen Welten führen? Leibniz gibt zunächst einige Beispiele aus dem alltäglichen Leben, die den holistischen Zusammenhang der Welt näher erläutern sollen. Das Gute und Böse bzw. Schlechte sind relationale Begriffe, die für Menschen als metaphysisch endliche Wesen nur durch ihr jeweiliges Gegenteil Bedeutung und Realität erlangen: »Etwas Saures, Scharfes oder Bitteres gefällt oft besser als Zucker; der Schatten läßt die Farbe stärker hervortreten und selbst eine Dissonanz am rechten Platze hebt die Harmonie.« (T, 103) Ferner gilt nach Leibniz: »Nur aus Mangel an Achtsamkeit verkleinern wir unsere Güter, und es bedarf einiger Übel, um diese Achtsamkeit in uns wach werden zu lassen. Wären wir für gewöhnlich krank und selten bei guter Gesundheit, dann würden wir die Größe dieses Gutes wunderbar schätzen.« (ebd.) Ist dieses Argument aber nicht im Grunde genommen zynisch? Worin liegt der tiefere, logisch-metaphysische Grund für das Böse?

Die Quelle des Bösen macht Leibniz in der »idealen Natur des Geschöpfes« (T, 110) aus, die vormoralisch verfasst ist: »Es gibt nämlich in der Kreatur eine ursprüngliche Unvollkommenheit vor aller Sünde, weil Begrenzung zum [logischen] Wesen der Kreatur gehört: daher kann sie nicht alles wissen, sich täuschen und andere Fehler begehen.« (ebd.) Diese ursprünglich endliche Verfasstheit der Kreatur ist der göttlichen Willkür entzogen. Als eine solche wesentliche Natur, die durch ewige Wahrheiten konstituiert ist, besteht sie nicht kraft göttlichen Willens, sondern kraft seines Verstandes. Leibniz leitet in diesem Zusammenhang das *malum physicum* und das *malum morale* aus dem noch grundlegenderen *malum metaphysicum* ab, das als eine Grundstruktur der Welt gelten kann: »Das metaphysische Übel besteht in der einfachen [d.h. logisch-metaphysischen] Unvollkommenheit.« (ebd.) Die »Unvollkommenheiten und Mängel der Handlungen«, so Leibniz, stammen »aus der ursprünglichen Begrenzung [...], die die Kreatur durch die sie beschränkenden idealen Gründe von Anbeginn ihrer Existenz erhalten mußte. Gott konnte ihr nicht alles geben, ohne sie zum Gott zu machen; er mußte also stufenweise Unterschiede in der Vollkommenheit der Dinge und ebenso Beschränkungen jeder Art geben.« (T, 117)

Wie bestimmt Leibniz den ontologischen Status des Bösen? Im Ausgang von Augustinus und Thomas von Aquin vertritt er die These, »daß nämlich das Übel nur eine Beraubung des Seins ist, während die Tätigkeit Gottes auf etwas Positives gerichtet ist« (T, 115), und bezieht sich dabei auf das physikalische Phänomen der Trägheit, die man »als ein vollendetes Bild und als Muster für die ursprüngliche Beschränktheit der Geschöpfe [d.h. als *malum metaphysicum*] betrachten« könne (ebd.). So treiben unterschiedlich schwer beladene Schiffe aufgrund ihrer verschiedenen Trägheit unterschiedlich schnell einen Fluss hinab: »Der Stoff selbst also neigt ursprünglich zur Trägheit oder zum Mangel an Geschwindigkeit: er verringert sie nicht durch sich selbst, wenn er diese Geschwindigkeit schon erhalten hat, denn dann würde er handeln, aber er mindert die Wirkung des Eindrucks, den er erhalten soll, durch seine Empfänglichkeit.« (T, 116) Leibniz beschreibt diese Trägheit als eine »Art Widerwillen gegen das Bewegtwerden« (ebd.). Es besteht in einer Verschlossenheit, sich von dem Guten oder Wahren leiten zu lassen: »Die Strömung ist die Ursache für die Bewegung des Schiffes, aber keineswegs für ihre Verzögerung; Gott ist die Ursache für die Vollkommenheit in der Natur und in den Handlungen der Kreaturen, aber die beschränkte Rezeptivität der Kreatur ist die Ursache für die Mängel, auf die wir bei ihrer Tätigkeit stoßen.« (T, 117) Hier stellt sich freilich die Frage, ob das Phänomen des moralisch Bösen, soll es denn zurechenbar sein, durch Trägheit wirklich angemessen charakterisiert ist. Plausibel wird die Metapher der Trägheit dann, wenn man sie als eine bestimmte Form von Aktivität – als Trägheits*kraft* – versteht, die sich dem Guten in Form eines aktiven Verschließens widersetzt.

3.6 Rousseau

Während bei Augustinus und Thomas von Aquin die innersubjektive Problematik des Bösen im Zentrum steht und bei Leibniz die kosmologische Dimension des Bösen, rückt bei Jean-Jacques Rousseau (1712–1778) ähnlich wie bei Hobbes die gesellschaftliche und entwicklungsgeschichtliche Dimension in den Vordergrund. Rousseau beginnt seine Untersuchung nach dem Ursprung des Bösen mit der Betrachtung des vermeintlich ursprünglichen Naturzustands des Menschen. Anders als Hobbes, der den Naturzustand als einen Krieg aller gegen alle bestimmt, beschreibt Rousseau diesen Zustand gegenüber Gut und Böse als indifferent: »Es scheint zunächst so, daß die Menschen in jenem Zustand – da sie untereinander weder irgendeine Art moralischer Beziehung noch erkannter Pflichten hatten – weder gut noch böse sein konnten und weder Laster noch Tugenden hatten.« (DU, 135)

Zweifelsohne ist der Begriff eines menschlichen Naturzustands problematisch, denn es handelt sich um einen durch und durch rationalen Begriff, der seine Herkunft aus der Vernunft nicht verleugnen kann. Rousseau entwickelt seine Theorie in kritischer Auseinandersetzung mit Hobbes. Seine Kritik an Hobbes' Begriff des Naturzustands ist immanent, indem sie auf Prämissen seiner Theorie verweist, die einander bei genauerem Hinsehen widersprechen: »Hobbes hat nicht gesehen, daß dieselbe Ursache, welche die Wilden hindert, ihre Vernunft zu gebrauchen, [...] sie gleichzeitig hindert, ihre Fähigkeiten zu mißbrauchen, wie er selbst es behauptet; so daß man sagen könnte, daß die Wilden präzise deshalb nicht böse sind, weil sie nicht wissen, was gut sein ist.« (DU, 139 f.) Böses Handeln setzt als solches immer ein Wissen um das Gute voraus, welches jedoch im Naturzustand per definitionem nicht gegeben sein kann. Die Leidenschaften, von denen Hobbes in seiner Theorie des Naturzustands als Quelle des Bösen ausgeht, sind nach Rousseau anachronistisch: Sie sind immer schon sozial induziert, gehören also gerade nicht dem Naturzustand an. Auch wenn die moralischen Prädikate »gut« und »böse« durch die fehlende Vernunftunterscheidung und Reflexion im Naturzustand noch keine Anwendung finden können, so besitzt der Mensch nach Rousseau durch das natürliche Gefühl des Mitleids doch einen präreflexiven ›Hang zum Guten‹: »Es veranlaßt uns ohne Reflexion zur Unterstützung derer, die wir leiden sehen; im Naturzustand vertritt es die Stelle der Gesetze, der Sitten und der Tugend.« (DU, 150)

Diesem Naturzustand setzt Rousseau einen »Zustand der Vernunfterwägung« (DU, 149) diametral entgegen: »Die Vernunft erzeugt die Eigenliebe (*amour propre*) und die Reflexion verstärkt sie; sie läßt den Menschen sich auf sich selbst zurückziehen; sie trennt ihn von allem, was ihm lästig ist und ihn betrübt.« (ebd.) Durch das Vermögen der Reflexion wird zum einen das natürliche Mitleid in seiner Wirkung gehindert, zum anderen wird die natürliche Selbstliebe (*amour de soi*) in eine dekadente Abart der Eigenliebe transformiert, die sich durch Vergleich von der Meinung anderer abhängig macht. Im Grunde ist die Vernunft zwar ein Vermögen der Befreiung von den Naturzwängen durch Reflexion. Doch entdeckt Rousseau an ihr auch ein Moment der Selbstpervertierung. Der Mensch kann zwar durch Reflexion die ihn unmittelbar betreffenden und aus seinen Neigungen sich ergebenden Handlungen aufschieben und diese höheren Vernunftzwecken unterordnen. Diese Vermittlungsleistung der Vernunft führt jedoch andererseits dazu, dass sich der Mensch vom natürlichen, d.h. unmittelbaren und authentischen Mitleid bzw. der Selbstliebe entfremdet. Die Reflexion bringt gewissermaßen das natürliche Gleichgewicht des Mitleids durcheinander; sie macht es künstlich und unauthentisch, ja berechnend und ›vernünftelnd‹:

»Man kann seinen Mitmenschen unter seinem Fenster ungestraft umbringen; er braucht sich nur die Ohren zuzuhalten und sich ein paar Argumente zurechtzulegen, um die Natur, die sich in ihm empört, daran zu hindern, ihn mit dem zu identifizieren, den man meuchlings ermordet.« (ebd.)

Die entwickelte Vernunft ist also nach Rousseau durch und durch zweischneidig: Sie ist einerseits der Erkenntnisgrund für das moralisch Gute und Böse. Andererseits ist es gerade die widernatürliche Reflexion, welche durch Eigenliebe und Neid das Böse in die Welt bringt.

3.7 Kant

Auch Immanuel Kant (1724–1804) unterscheidet in seiner Moralphilosophie streng zwischen *malum physicum* und *malum morale*: »Das *Wohl* oder *Übel* bedeutet immer nur eine Beziehung auf unseren Zustand der *Annehmlichkeit* oder *Unannehmlichkeit*, des Vergnügens und Schmerzens [...] Das *Gute* oder *Böse* bedeutet aber jederzeit eine Beziehung auf den *Willen*, sofern dieser durchs *Vernunftgesetz* bestimmt wird, sich etwas zu seinem Objekte zu machen.« (KpV, 60) Doch unterscheidet sich seine Betrachtung des Bösen auch in einigen wesentlichen Hinsichten von der vorausgegangenen philosophischen Tradition. Denn zum ersten Mal finden sich in der Philosophie Kants deutliche Anzeichen einer Perversionstheorie des Bösen. Kant bestimmt das Böse als eine »Korruption« (RGV, 43) der moralischen Ordnung. Diese besteht in der »Verkehrung der Triebfedern in den Maximen unserer Willkür« (RGV, 50). Eine solche böse Willkür besteht als »Bösartigkeit« – im Gegensatz zur »Schwäche« bzw. »Gebrechlichkeit der menschlichen Natur« und der »Unlauterkeit« als »Hang zur Vermischung unmoralischer Triebfedern mit den moralischen« – in einem »Hang zur Annehmung böser Maximen« (RGV, 29). Genauer besteht dieses Böse in der Absicht, »die Triebfeder aus dem moralischen Gesetz anderen (nicht moralischen) nachzusetzen«, was auch als »*Verkehrtheit* (*perversitas*)« bezeichnet werden kann, insofern diese »die sittliche Ordnung in Ansehung der Triebfedern einer *freien* Willkür umkehrt« (RGV, 30). Der Grund des Bösen liegt so in der »*Verstimmung* unserer Willkür in Ansehung der Art, subordinierte Triebfedern zu oberst in ihre Maximen aufzunehmen« (RGV, 43). Das Böse ist »nicht in den Neigungen, sondern in der verkehrten Maxime und also in der Freiheit selbst zu suchen« (RGV, 57). Das »eigentliche Böse«, so Kant, »besteht darin, daß man jenen Neigungen, wenn sie zur Übertretung reizen, nicht widerstehen *will*, und diese Gesinnung ist eigentlich der wahre Feind« (ebd).

Kant unterscheidet verschiedene Formen von Lastern, die er unterschiedlichen Anlagen der menschlichen Natur zuordnet (RGV, 26 f.). Aus der »Anlage für die Tierheit« können unter bestimmten Umständen Laster der »Rohigkeit der Natur« und »viehische« Laster entspringen wie etwa »Völlerei«, »Wollust« und »wilde Gesetzlosigkeit«. Die Anlage für die Menschheit dagegen führt die Neigung mit sich, »sich in der Meinung anderer einen Wert zu verschaffen«, woraus »Eifersucht« und »Nebenbuhlerei« entstehen. Wie zuvor Rousseau identifiziert Kant spezifische »Laster der Kultur«, aus denen unmoralische Haltungen wie »Undankbarkeit« und »Schadenfreude« entspringen können, die Kant auch als »teuflische Laster« bezeichnet.

Worin liegt nach Kant der Grund des Bösen? Weder die natürlichen Triebe des Menschen noch seine Vernunft können einen Erklärungsgrund des Bösen abgeben:

»Um also einen Grund des Moralisch-Bösen im Menschen anzugeben, enthält die Sinnlichkeit zu wenig; denn sie macht den Menschen, indem sie die Triebfedern, die aus der Freiheit entspringen können, wegnimmt, zu einem bloß Tierischen; eine vom moralischen Gesetze aber freisprechende, gleichsam boshafte Vernunft (ein schlechthin böser Wille) enthält dagegen zu viel, weil dadurch der Widerstreit gegen das Gesetz selbst zur Triebfeder (denn ohne alle Triebfeder kann die Willkür nicht bestimmt werden) erhoben und so das Subjekt zu einem teuflischen Wesen gemacht werden würde. – Keines von beiden aber ist auf den Menschen anwendbar.« (RGV, 35 f.)

Ob ein Wille gut oder böse ist, darüber entscheidet nach Kant nicht sein Inhalt, sondern seine Form. Das willentlich Böse besteht darin, dass die individuellen Neigungen dem Sittengesetz übergeordnet werden, wozu immer beide – Natur und Vernunft – im reflexiven Akt der Willensbildung zusammengeführt bzw. in eine Maxime »inkorporiert« werden müssen. Das willentlich Gute besteht dementsprechend darin, dass das Sittengesetz den Neigungen prinzipiell übergeordnet wird. Da der Grund des Bösen nicht in der Materie liegen kann, bleibt nur die Möglichkeit, dass der Grund der bösen Freiheitsentscheidung in einem rein formalen Verhältnis zu den der menschlichen Freiheit zur Entscheidung gegebenen Bestimmungsgründen des Willens besteht, als »der formale Grund aller gesetzwidrigen Tat« (RGV, 31). Kant konzipiert dieses formale Verhältnis im Sinne einer aktiven Hinwendung des Willens zu den Objekten des Interesses:

»Also muß der Unterschied, ob der Mensch gut oder böse sei, nicht in dem Unterschiede der Triebfedern, die er in seine Maxime aufnimmt (nicht in dieser ihrer Materie), sondern in der Unterordnung (der Form derselben) liegen: welche von beiden er zur Bedingung der anderen macht. Folglich ist der Mensch (auch der beste) nur dadurch böse, daß er die sittliche Ordnung der Triebfedern, in der Aufnehmung derselben in seine Maximen, umkehrt [Hervorh. J.N.].« (RGV, 36)

Durch das aktive Moment der »Aufnehmung« konzipiert Kant eine zugleich *effektive* und *perversive* Theorie des Bösen, welche im Gegensatz zur Tradition der Privationstheorien steht. Das Böse wie das Gute sind nun beides autonome Produkte aktiver Formursachen, die sich willentlich gegenüber der Forderung des Sittengesetzes behaupten wollen.

Wie aber ist das Zustandekommen einer freien bösen Handlung zu denken, wenn sie nicht als bloßer privativer Willensdefekt aufgefasst werden soll? Kants Begriff des »Vernünftelns« verspricht weiteren Aufschluss über die Frage, wie aus *Gründen* heraus böse Handlungen begangen werden können. An nur einer Stelle in seinem Werk, in der *Anthropologie in pragmatischer Hinsicht*, äußert sich Kant näher zu diesem Begriff: »Vernünftelei (ohne gesunde Vernunft) ist ein den Endzweck vorbeigehender Gebrauch der Vernunft, teils aus Unvermögen, teils aus Verfehlung des Gesichtspunkts.« (Anth., 200) Und er fügt direkt im Anschluss folgende Definition hinzu: »*Mit Vernunft rasen* heißt: der Form seiner Gedanken nach zwar nach Prinzipien verfahren, der Materie aber oder dem Zwecke nach die diesem gerade entgegengesetzten Mittel anwenden.« (ebd.) Kants Unterscheidung zwischen Form und Materie lässt sich in dem Sinne verstehen, dass durch das Vernünfteln eine formale Kohärenz der Maximen entsteht, die jedoch nur den *Schein* von Moralität und Konformität mit dem Sittengesetz suggeriert, in Wahrheit aber material unmoralischen Motiven folgt. Im Begriff des Vernünftelns und seiner Operationsweise scheint also eine mögliche Antwort auf die Frage enthalten zu sein, wie wir aus Gründen, die uns zurechenbar sind, gegen die Forderung des Sittengesetzes handeln können. Das Vernünfteln tritt gerade da auf, wo die allgemeine reine Vernunft mit der Endlichkeit des Erkenntnissubjekts in Konflikt gerät.

In der *Grundlegung zur Metaphysik der Sitten* spricht Kant von einem »mächtige[n] Gegengewicht gegen alle Gebote der Pflicht«, welches der Mensch in sich »fühlt«. Indem die reine praktische

Vernunft durch ihr universelles und kategorisches Gebot die individuellen Bedürfnisse des Subjekts zurücksetzt, entspringt aus diesem Gegensatz eine »natürliche Dialektik«, die Kant als einen »Hang, wider jene strenge Gesetze der Pflicht zu vernünfteln« bestimmt (GMS, 405). Dieser Hang selbst trägt rationale Züge, ist also eine pervertierte oder transformierte Vernunft. Ebenso betrifft er nicht einzelne Akteure, sondern die Menschheit generell. Hieran zeigt sich, dass die menschliche Vernunft, insofern sie mit der Endlichkeit menschlicher Individualität – sei es im Erkennen oder Handeln – konfrontiert ist, gerade der Grund einer Fehlleistung sein kann. Wie im Falle der theoretischen Vernunft, so entsteht durch die Konfrontation der absolut moralisch gebietenden Vernunft mit der menschlichen Endlichkeit eine Tendenz, diese Forderung zu umgehen und auf regelwidrige Weise scheinhaft zu erfüllen, ebenso wie die Dialektik der theoretischen Vernunft »in der bloßen Nachahmung der Vernunftform« (KrV, B 353) besteht. Diese nachahmende praktische Erzeugung von Schein, die ihre Form von der Vernunft bezieht und dadurch eine rationale Struktur besitzt, ist nun aber willentlich verfasst, woraus in letzter Konsequenz das moralisch Böse entspringt.

Worin besteht die Aktivität dieses »Hanges«? Sie besteht in dem Versuch, mithilfe der Vernunft gegen die Strenge des Sittengesetzes zu argumentieren, also die Vernunft zu missbrauchen. Wer vernünftelt, der sucht nach Kant Gründe zu finden, seine individuellen Interessen als der Forderung des Sittengesetzes ausnahmsweise enthoben zu rechtfertigen, also die »Reinigkeit und Strenge [der moralischen Gesetze] in Zweifel zu ziehen und sie wo möglich unsern Wünschen und Neigungen angemessener zu machen, d.i. sie im Grunde zu verderben« (GMS, 405). Eine solche Konstruktion von Gründen, die das eigene Handeln in einem moralisch guten Licht erscheinen lässt, ist jedoch nichts weiter als eine praktische Selbsttäuschung, freilich eine Selbsttäuschung, die auf einen eigenen Willensentschluss zurückzuführen und damit zurechenbar sein muss.

Ein weiterer zentraler Begriff neben demjenigen des »Vernünftelns« ist Kants Begriff des »Eigendünkels«. Er versteht darunter die willentliche Überordnung der Individualinteressen über das Sittengesetz, welche individualistisch »das liebe Selbst« (GMS, 407) im Unterschied zur allgemeinen reinen praktischen Vernunft betrifft. Im vernünftelnden Eigendünkel manifestieren sich also nach Kant auf rationale Weise die Interessen eines Individuums, die mit der Forderung nach Universalisierbarkeit im Widerstreit liegen.

Es geht beim Eigendünkel und Vernünfteln folglich nicht darum, dass sich innerhalb des Menschen verschiedene Anlagen durchsetzen oder nicht und die Vernunft durch Neigungen gewissermaßen ›überwältigt‹ wird. Wir sind nach Kant nicht passive Zuschauer eines innerpsychischen Kräftespiels, vielmehr muss der von Kant beschriebene Hang des Eigendünkels selbst als willensmäßig strukturiert verstanden werden – nicht als ein bloßer Defekt, sondern als etwas Aktives, das selbst moralisch zurechenbar ist. Vernünfteln bedeutet nach Kant also das Herstellen einer kohärenten Form, die derjenigen des Sittengesetzes strukturell ähnelt, jedoch in einem anderen Motiv gründet: nicht der Achtung vor dem Gesetz, sondern dem Eigendünkel.

3.8 Fichte

Johann Gottlieb Fichte (1762–1814) knüpft mit seiner Theorie des Bösen in vielerlei Hinsicht an Kant an. Es ist nach Fichte »schlechthin unmöglich, und widersprechend, daß jemand bei dem deutlichen Bewußtseyn seiner Pflicht im Augenblicke des Handelns, mit gutem Bewußtseyn, sich entschließe, seine Pflicht nicht zu thun« (SSL, 176). Inwiefern liegt darin ein Widerspruch? Fichte scheint unter dem »guten Bewusstsein« nicht das »gute Gewissen« zu verstehen, sondern eher so etwas wie »klarer Verstand«. Nun ist es nach Fichte bereits begrifflich ausgeschlossen, dass der Mensch durch das Vermögen, welches ihm die Normativität der Moral vorhält (nämlich seine Vernunft), gegen dasselbe handelt: »Es wären sonach in demselben Momente durch dasselbe Vermögen in ihm widersprechende Forderungen, welche Voraussetzung sich selbst vernichtet, und der klarste offenbarste Widerspruch ist.« (ebd.) So etwas wie eine »böse Vernunft« ist nach Fichte, wie auch nach Kant, grundsätzlich ausgeschlossen: Eine Vernunft, die zugleich gebietet, was gut ist, und den Grund für das Zuwiderhandeln gegen ihr Gebot in sich birgt, würde sich selbst aufheben. Wie kann aber dann das Böse als freie Handlung erklärt werden, wenn man diese ebenso wie Kant nicht auf die Sinnlichkeit zurückführen möchte? Können wir uns, anders gesprochen, eine individuelle Rationalität denken, die nicht mit der universellen Rationalität des Sittengesetzes identisch ist und den Grund für die Zurechenbarkeit des begangenen Bösen darstellt?

Fichte führt an diesem Punkt den Begriff der »Reflexion« ein. Wir können nach Fichte willentlich das Sittengesetz ausblenden: »[E]s ist sehr möglich, daß man das klare Bewußtseyn der Anfoderung der Pflicht in sich verdunkle [...] hört man auf zu reflectiren, so verschwindet es.« (SSL, 177) Diese fehlende Reflexion charakterisiert Fichte als »Gedankenlosigkeit« und »Unaufmerksamkeit auf unsere höhere Natur« (SSL, 178). Es ist deswegen geboten, das sittliche Bewusstsein durch »Übung und Aufmerksamkeit« und »fortgesetzte Anstrengung« wachzuhalten (ebd.). Der Grund für diese ›Verdunkelungsgefahr‹ des Guten im Menschen besteht nach Fichte in einer »ursprünglichen Trägheit zur Reflexion«, welche Fichte, in Anlehnung an Kant, als »ein wahres positives radikales Übel« bezeichnet (SSL, 182). Diese Trägheit zur Reflexion soll nach Fichte nun nicht nur im Sinne einer Privationstheorie des Bösen gedacht werden. Er charakterisiert sie deshalb weiter – und in systematischer Nähe zu Leibniz – als eine »Kraft der Trägheit (vis inertiae)«, als eine »Tendenz oder Kraft zu bleiben, was sie ist« (SSL, 183). Sobald der Eigenwille in seiner Selbstbezogenheit herausgefordert wird, regt sich in ihm eine Gegentendenz, in seinem bisherigen Zustand zu bleiben, eine Art Abwehr- oder Trotzreaktion. Und diese Reaktion ist gerade die positive Seite des Bösen nach Fichte.

Fichte analysiert diese noch recht abstrakte Widerspenstigkeit schließlich mittels seines Begriffs des »Schlendrians«: »Trägheit sonach, die durch lange Gewohnheit sich selbst ins unendliche reproducirt, und bald gänzliches Unvermögen zum Guten wird, ist das wahre, angebohrne, in der menschlichen Natur selbst liegende radicale Uebel: welches sich aus derselben auch gar wohl erklären läßt.« (SSL, 185) Hier stellt sich allerdings die Frage, ob das Böse im Sinne einer Trägheit und Nachlässigkeit wirklich hinreichend bestimmt ist. Das Phänomen des Bösen legt schließlich nahe, dass es gerade in einer extremen Form von Aktivität und Beflissenheit, ja penibler Genauigkeit bestehen kann, etwa im Falle von minutiös geplanten Verbrechen oder den systematischen Massenmorden des 20. Jahrhunderts.

3.9 Schelling

Friedrich Wilhelm Joseph Schellings (1775–1854) Interesse am Problem des Bösen wird bereits in seiner 1792 erschienenen Tübinger Magisterdissertation *De malorum origine* (»Über den Ursprung der Bosheit«) deutlich. Der Mythos des Sündenfalls und die Verlockung, vom Baum der Erkenntnis zu essen, geben für

Schelling »ein hervorragendes Bildnis von dem Menschen, der sich seiner Freiheit bewußt ist und danach trachtet, diese Freiheit in irgendeiner Hinsicht zu gebrauchen« (MO, 131). In der Geschichte des Sündenfalls zeigen sich paradigmatisch die Anfänge des moralischen Übels. In diesem Text sei »die Neigung des Menschen zum Bösen beschrieben, die sich bereits beim allerersten Gebrauch der Vernunft zeigte«, und auch »das übermächtige Streben im menschlichen Geiste nach stets höheren Dingen, verbunden mit dem dauernden Gefühl der menschlichen Schwäche« (MO, 133 f.). Schelling denkt also bereits in seinen frühesten philosophischen Schriften menschliche Freiheit, Rationalität und das Böse aufs Engste zusammen. Eine besonders zentrale Stellung nimmt das Böse in seinen *Untersuchungen über das Wesen der menschlichen Freiheit* (1807) ein. Schellings Theorie sammelt darin wie eine Linse die historischen Auffassungen des Bösen und bündelt diese in einem neuen Begriff, der innerhalb der Geschichte der Philosophie eine absolute Ausnahmestellung beanspruchen kann: In konsequenter Weiterführung von Kants Theorie wird das Böse nicht als Privation, sondern als etwas Perversives verstanden, welches einen eigenen ›positiven‹ Gehalt hat. Während Fichte ausdrücklich »die Ursache des Bösen im endlichen vernünftigen Wesen« (so die Überschrift von Paragraph 16 seines *Systems der Sittenlehre*) zum Gegenstand hat, untersucht Schelling die Konstitution des Menschen angesichts der Prinzipien der gesamten Schöpfung:

»Das Prinzip, sofern es aus dem Grunde stammt und dunkel ist, ist der Eigenwille der Kreatur, der aber, sofern er noch nicht zur vollkommenen Einheit mit dem Licht (als Prinzip des Verstandes) erhoben ist (es nicht faßt), bloße Sucht oder Begierde, d.h. blinder Wille ist. Diesem Eigenwillen der Kreatur steht der Verstand als Universalwille entgegen, der jenen gebraucht und als bloßes Werkzeug sich unterordnet.« (FS, 35)

Wie ist der Eigenwille hier zu verstehen? Die Charakterisierung als »blinder Wille« legt nahe, dass es sich noch nicht um einen bewussten, reflektierten Willen handelt. Ein solcher unbewusster Wille lässt sich mit Blick auf das Tier als Selbsterhaltungstrieb interpretieren. Das Tier ist trotz seines Eigenwillens kein Individuum im strengen Sinne. Es ist zwar ein endliches Wesen, aber als solches ganz und gar durch die evolutionären Vorgaben seiner Art und Gattung determiniert – also eine bloße *Instanz* oder ein endliches, schwaches Abbild des Allgemeinen, welches Schelling hier als Universalwille bestimmt. Die allgemeinen Vorgaben des Universalwillens bestimmen das Tier dazu, unbewusst seine Art zu reproduzieren. Schelling spricht davon, dass der Universalwille den blinden Eigenwillen des Tieres »gebraucht und als bloßes Werkzeug sich unterordnet« (ebd.).

Der Mensch unterscheidet sich nach Schelling dadurch vom Tier, dass er ein »geistiges« Wesen ist. Schelling versteht darunter die »lebendige Identität beider Prinzipien« (FS, 36) – des Eigen- und des Universalwillens. »Lebendige Identität« bedeutet, dass es nicht so sehr auf die Relata der Identität von Eigen- und Universalwille ankommt, sondern auf die Art der Relation. Geistigkeit besteht nicht *in* den Prinzipien als Elementen des Menschseins, sondern *an* ihnen. Im Geist ist der Eigenwille vom Universalwillen »durchwirkt«, so dass er nicht mehr ein »blinder«, sondern ein »sehender« Eigenwille ist – und somit eigentliche Individualität im Gegensatz zur bloßen Endlichkeit eines Tieres konstituiert. Nach Schelling ist die »lebendige Identität« der Prinzipien im Menschen durch »Auflösung« »zertrennlich«, worin gerade die Möglichkeit zum Guten und Bösen besteht.

Wie ist die »Auflösung« der beiden Prinzipien im Menschen zu verstehen? Nicht so sehr im Sinne einer Ablösung, sondern eher im Sinne einer mathematischen Lösung. Es gibt nämlich zwei Verhältnisse, in welchen die Prinzipien – trotz ihrer geistigen Einheit – zueinander stehen können. Die erste Lösung (die Lösung der »Eintracht«) besteht darin, dass der Mensch den Universalwillen über den Eigenwillen stellt. Die zweite Lösung (die Lösung der »Zwietracht«) besteht im genau umgekehrten Verhältnis: Der Mensch ordnet seine Eigeninteressen dem Allgemeininteresse über. Beide Male – in der ›guten‹ wie in der ›bösen‹ Lösung – handelt es sich um geistige, d.h. individuelle und moralisch zurechenbare Handlungen. Das egozentrische Leben profitiert zwar von der Allgemeinheit, vom Allgemeinwillen, gewissermaßen als ›Infrastruktur, setzt diesen aber nur für die eigenen Interessen ein. Der Allgemeinwille wird nicht qua Geist investiert in das Ganze, sondern missbraucht.

Schellings Begriff des Bösen hängt aufs Engste mit seinem Begriff der individuellen menschlichen Person zusammen. Das Tier besteht aus einem dunklen Eigenwillen, der nicht selbstbestimmt ist, sondern durch den Universalwillen im Rahmen seiner Art und Gattung (oder auch der Evolution) als »Werkzeug« gebraucht wird. Die Person versteht Schelling dagegen als eine Synthese aus Eigenwille und Universalwille, d.h. als einen vernünftig durchwirkten Eigenwillen, der zu einem »sehenden« Eigenwillen erhoben wird, welcher sich zum Universalwillen frei verhalten, ja diesen selbst als »Werkzeug« gebrauchen kann.

Ebenso wie der Mensch als freie Person ein synthetisches Wesen ist, ist auch das Böse synthetischer Natur. Es besteht darin, »ein eignes und absonderliches Leben zu formieren oder zusammenzusetzen« (FS, 38). Schelling vergleicht das Böse mit einer »Krankheit« (ebd.). Das mag zunächst irritieren, scheint doch damit eine Privationstheorie des Bösen nahegelegt zu werden. Denn ist eine Krankheit nicht immer nur an einem gesunden Körper denkbar, also ein bloßer Mangelzustand desselben? Entscheidend ist hier allerdings, dass Schelling eine bestimmte Art von Krankheit vorschwebt: keine bloße Entzündung, keine Erkältung des

Körpers – das wäre eine bloße Privation –, sondern eher eine Art Tumorerkrankung. Eine solche Krankheit besitzt ein eigenes Organisationsprinzip, indem sie den gesunden Körper für ihre »Zwecke« »missbraucht«, damit aber zugleich ihre eigene Grundlage zerstört. Das Böse besteht nach Schelling in einer »positiven Verkehrtheit oder Umkehrung der Prinzipien« (FS, 39) von Eigen- und Universalwille.

Beim Versuch der Entwicklung eines positiven Begriffs des Bösen grenzt sich Schelling auch von Leibniz' Begriff des *malum metaphysicum* ab: »Unvollkommenheit im allgemeinen metaphysischen Sinn ist nicht der gewöhnliche Charakter des Bösen, da es sich oft mit einer Vortrefflichkeit der einzelnen Kräfte vereinigt zeigt, die viel seltener das Gute begleitet.« (FS, 40 f.) Hier wird der Unterschied zu allen vorangegangenen Theorien des Bösen sehr deutlich. Das Böse ist nichts Mangelhaftes, auch keine Trägheit oder ein Schlendrian, wie Fichte annimmt, sondern eine bewusste willentliche Aktivität, die durchaus »vortrefflich« sein kann: »[W]ie es einen Enthusiasmus zum Guten gibt, ebenso gibt es eine Begeisterung des Bösen« (FS, 44). Das Böse hat, wie Schelling betont, »ein Wesen« (FS, 42). Hinsichtlich der Elemente – Eigenwille und Universalwille – sind das Gute und das Böse nach Schelling identisch. Sie haben also dieselbe Basis oder dasselbe Kraftpotenzial. Gut und Böse unterscheiden sich nur hinsichtlich der Form der Einheit beider Prinzipien. Gut ist diejenige Ordnung, in welcher der Eigenwille sich für das Universale einsetzt. Böse ist dasjenige, was das Allgemeine für bloß private Zwecke missbraucht; es ist zwar eine »falsche Einheit« (FS, 43), aber darin eben immer noch eine *Einheit*. Schelling wendet sich damit gegen eine Tendenz seines Zeitalters, die er als »Philanthropismus« bezeichnet und die seiner Ansicht nach zur »Leugnung des Bösen« (ebd.) neigt.

3.10 Hegel

Georg Wilhelm Friedrich Hegels (1770–1831) Theorie des Bösen hat ihre Besonderheit darin, dass sie den Begriff nicht primär aus der Freiheit des Willens gewinnt, sondern aus der Logik der Begriffe selbst. In seiner *Wissenschaft der Logik* charakterisiert Hegel das Böse nicht im Sinne von etwas Privativem – einem Mangel an Gutem –, sondern als etwas Aktives: »Das Böse besteht in dem Beruhen auf sich gegen das Gute; es ist die positive Negativität.« (TWA 6, 72) In seinen *Vorlesungen über die Geschichte der Religion* knüpft Hegel zur Bestimmung des Bösen an die biblische Erzählung des Sündenfalls an, die er begriffslogisch weiter auslegt. Der Mensch ist dem Begriff nach wesentlich Bewusstsein. Demnach ist die Erkenntnis der eigentliche »Quell alles Bösen«, da das Bewusstsein überhaupt durch seine zertrennende Funktion das Negative und die Entzweiung mit sich bringt: »Die Erkenntnis ist erst das Setzen des Gegensatzes, in dem das Böse ist.« (TWA 17, 257) Diese Entzweiung soll jedoch überwunden werden. Das Böse ist nach Hegel nur für sich genommen eine Abstraktion, da es logisch seine Bedeutung nur im Gegensatz zum Guten erhält. Hegel beschreibt diese begriffliche Spannung des Gegensatzes im Subjekt des Bewusstseins durch die »unendliche Forderung des Guten« als unendlicher Schmerz (TWA 17, 263). Damit ist freilich nicht ein psychischer oder gefühlsmäßiger Zustand gemeint, sondern eine existenzielle anthropologische Grundspannung.

Hegel stellt fest, dass der Mensch dann als böse anzusehen ist, wenn er trotz seiner Vernunftanlage in der Natur verharrt und sein ganzes Wollen im Sinne der Selbstsucht bestimmt. Das Wesen des Bösen besteht also in der nicht wieder hergestellten Einheit von allgemeinem Begriff und konkretem Individuum, welches unter jenen fällt, sich jedoch weigert, sich dem Allgemeinen unterzuordnen:

> »Aber der Mensch ist Bewußtsein, damit Unterscheiden überhaupt, damit ein wirklicher, Dieser, Subjekt, unterschieden von seinem Begriff, und indem dies Subjekt zunächst nur unterschieden ist von seinem Begriff, noch nicht zurückgekehrt zur Einheit seiner Subjektivität mit dem Begriff, zu dem Vernünftigen, so ist seine Wirklichkeit die natürliche Wirklichkeit, und diese ist die Selbstsucht.« (TWA 17, 254)

Nicht also der Mensch als Naturwesen, sondern der Mensch als Vernunftwesen ist böse, wenn er die Vernunft zugunsten der Natur preisgibt. Zugleich knüpft Hegel an die Bedeutung des *malum metaphysicum* an, indem er dieses mit der Individualität in Verbindung bringt: »Bösesein heißt abstrakt, mich *vereinzeln*; die Vereinzelung, die sich abtrennt vom Allgemeinen; dies ist das Vernünftige, die Gesetze, die Bestimmungen des Geistes. Aber mit dieser Trennung entsteht das Fürsichsein und erst das Allgemeine, Geistige, Gesetz, das, was sein soll.« (TWA 17, 257) Für Hegel ist die Entzweiung in Gut und Böse der Grund der Unterscheidung des Menschen vom Tier. Doch gerade in dieser Entzweiung zu verweilen – in der Subjektivität – ist das Böse: »Der böse Wille will ein der Allgemeinheit des Willens Entgegengesetztes, der gute dagegen verhält sich seinem wahrhaften Begriffe gemäß.« (TWA 7, 263)

Hegel befasst sich mit dem Begriff des Bösen auch in seiner *Rechtsphilosophie* im Kontext seiner Kritik des subjektiven Gewissens. Diese wiederum steht im Kontext seiner Kritik an der Subjektivität der Moralität, die er zu einer höheren Stufe der intersubjektiv vermittelten Sittlichkeit aufzuheben sucht. Dem subjektiven moralischen Gewissen eignet nach Hegel nur »formelle Subjektivität« und als solche läuft es Gefahr, »*ins* Böse umzuschlagen« (TWA 7, 261). Das Böse ist nach Hegel insofern »das

Eigenste des Individuums«, die »sich schlechthin setzende Subjektivität«, welche der objektiven Seite des Menschen und seinem Begriff als etwas Allgemeines wie Geist und Vernunft entgegensteht (TWA 7, 267).

Es stellt sich allerdings die Frage, ob im Rahmen dieser Subjektivitätskritik dem Phänomen des Bösen Genüge getan werden kann und wie sich ein nicht-privativer Begriff von ihm gewinnen lässt, wenn doch nach Hegel die Moralität, innerhalb deren das Böse erst seinen Ort hat, im Fortgang des Systems zur Sittlichkeit aufgehoben werden muss. Kann das Böse überhaupt aufgehoben werden oder ist es nicht vielmehr eine unhintergehbare Grundtendenz des Menschen? Kann ein perversiver Begriff rein logisch entwickelt werden? Hegels Analyse des Bösen scheint durch seine Konzentration auf den Begriff gerade das Individuum, welches je gut und böse ist, aus dem Blick zu verlieren und damit auch die individuelle Freiheit zum Guten und Bösen. Er betrachtet das Böse nicht primär als moralisches Phänomen, welches an ein individuelles Subjekt und seine Freiheit gebunden ist, sondern als ein begriffliches Verhältnis, welches in einem die Moralität übersteigenden System fundiert ist.

3.11 Schopenhauer

Arthur Schopenhauers (1788–1860) Auseinandersetzung mit dem Bösen findet unter dem Vorzeichen seiner Metaphysik des Willens statt. Dabei wird der Wille nicht nur als Vermögen einer individuellen Person zum Thema, sondern als ein generelles Prinzip der Welt als Wille und Vorstellung. Zugleich werden bei dieser Auseinandersetzung Schopenhauers außereuropäische Einflüsse, vor allem aus der indischen Philosophie der *Upanischaden*, sichtbar. Seine Behandlung des Bösen schwankt zwischen Individualität und Universalität des Bösen und hebt durch ihre metaphysische Tiefendimension die Unterscheidung von physischem und moralischem Übel auf. Dem *malum metaphysicum* bei Leibniz gibt sie so eine ganz andere Wendung. Dieses ist nicht nur ein Signum des endlichen Individuums, sondern ein Grundzug der ganzen Welt. Für Schopenhauer steht fest, »daß das Leiden dem Leben wesentlich ist und daher nicht von außen auf uns einströmt, sondern jeder die unversiegbare Quelle desselben in seinem eigenen Innern herumträgt« (WWV I, 436 f.). Daraus folgt für ihn, dass die Welt nicht die beste, sondern »die *schlechteste* unter den möglichen« ist (WWV II, 747). Diesem kosmologischen Pessimismus entsprechend befinden wir uns unmittelbar stets im Zustand des Mangels, des Wunsches und des Schmerzes, so dass »alles Glück nur negativer, nicht positiver Natur ist, daß es ebendeshalb nicht dauernde Befriedigung und Beglückung sein kann, sondern immer nur von einem Schmerz oder Mangel erlöst« (WWV I, 439). Der Grund für diese Priorität des Mangels, Leidens und Übels in der Welt liegt in der allgemeinen Willensstruktur der Welt, die sich im individuellen Leben nur temporär auf konkrete Weise manifestiert, dann aber wieder auflöst und in anderen Formen erneut in Erscheinung tritt, so dass das individuelle Leben, »wenn man es im Ganzen und Allgemeinen übersieht und nur die bedeutendsten Züge heraushebt, eigentlich immer ein Trauerspiel« ist (WWV I, 442). Die individuelle Manifestation des Willens bedingt einen Egoismus, dem zufolge nur der eigene Wille präsent ist und die Interessen der anderen Subjekte nur mittelbar gegeben sind. Für Schopenhauer steht fest,

»daß jedes in der grenzenlosen Welt gänzlich verschwindende und zu nichts verkleinerte Individuum dennoch sich zum Mittelpunkt der Welt macht, seine eigene Existenz und Wohlsein vor allem andern berücksichtigt, ja auf dem natürlichen Standpunkte alles andere dieser aufzuopfern bereit ist, bereit ist die Welt zu vernichten, um nur sein eigenes Selbst, diesen Tropfen im Meer, etwas länger zu erhalten« (WWV I, 455).

Der Egoismus ist nach Schopenhauer eine »so tief wurzelnde Eigenschaft aller Individualität überhaupt, daß, um die Tätigkeit eines individuellen Wesens zu erregen, egoistische Zwecke die einzigen sind, auf welche man mit Sicherheit rechnen kann« (WWV II, 688). Den grundsätzlichen anthropologischen Pessimismus teilt Schopenhauer mit Hobbes, wenn dieser von einem prinzipiellen Kampf aller gegen alle ausgeht.

3.12 Kierkegaard

Aus einer existenzphilosophischen Perspektive heraus hat Sören Kierkegaard (1813–1855) vor allem die begriffliche und allgemeine Interpretation des Bösen bei Hegel kritisiert. Für ihn rückt dagegen das menschliche Individuum in seiner unhintergehbar sündhaften Existenz ins Zentrum, die nicht wieder an einen Begriff vermittelt werden kann. Wie bei Schelling, so hängt auch bei Kierkegaard der Begriff des Bösen aufs Engste mit der metaphysischen Bestimmung des Menschen zusammen. So bestimmt Kierkegaard den Menschen als ein geistiges Wesen, für das zwei entgegengesetzte Prinzipien konstitutiv sind. Der »Geist« oder das »Selbst« ist nach Kierkegaard

»ein Verhältnis, das sich zu sich selbst verhält, oder ist dasjenige am Verhältnis, daß das Verhältnis sich zu sich selbst verhält; das Selbst ist nicht das Verhältnis, sondern daß das Verhältnis sich zu sich selbst verhält. Der Mensch ist eine Synthese von Unendlichkeit und Endlichkeit, von Zeitlichem und Ewigem, von Freiheit und Notwendigkeit, kurz eine Synthese.« (KT, 9)

Die moralisch qualifizierte Selbstreflexivität allein macht jedoch noch nicht die ganze relationale Verfassung des Menschen aus. Als ein selbstreflexives Verhältnis zweier diametral entgegengesetzter Prinzipien steht das Selbst zugleich im Verhältnis zu seinem Grund, sofern es sich nicht selbst erschaffen hat. Diesen Grund des Selbst bestimmt Kierkegaard als Gott und reichert damit den moralphilosophischen Begriff des Bösen um die theologische Dimension der Sünde an. Aus der Struktur dieses komplexen Verhältnisses des Menschen kann das Wesen der Sünde bestimmt werden. Sie ist, ganz formal gesprochen, ein Missverhältnis: »Sünde ist: vor Gott, oder mit der Vorstellung von Gott verzweifelt nicht man selbst sein zu wollen, oder verzweifelt man selbst sein zu wollen. Die Sünde ist demnach potenzierte Schwäche oder potenzierter Trotz: die Sünde ist die Potenzierung der Verzweiflung.« (KT, 77) Deshalb ist der Gegensatz zur Sünde, also ein rechtes Verhältnis des Selbst, auch nicht die Tugend, sondern der Glaube, denn die Tugend würde nur die interne Relationalität des Selbst, nicht aber dessen Relation zu seinem Grund in Betracht ziehen: »Glaube ist: daß das Selbst, indem es es selbst ist und indem es es selbst sein will, durchsichtig in Gott gründet.« (KT, 83)

Bei seiner Bestimmung der Sünde als eines um eine weitere relationale Dimension erweiterten Begriffs des Bösen grenzt sich Kierkegaard von der antiken Tradition ab, die seiner Ansicht nach ihre Wurzeln bei Sokrates hat und der zufolge das Böse in einem kognitiven Defizit besteht. Darin liegt nach Kierkegaard aber gerade ein Problem, denn es stellt sich für ihn die Frage nach dem zurechenbaren Grund dieser Unwissenheit.

»Ist die Unwissenheit das letztere, so muß die Sünde ja eigentlich in etwas anderem als in der Unwissenheit stecken, sie muß in derjenigen Aktivität des Menschen stecken, mit der er daran gearbeitet hat, seine Erkenntnis zu verdunkeln. Aber auch wenn man das annimmt, so kehrt diese hartnäckige und sehr zählebige Mißlichkeit wieder, indem die Frage nun nämlich lautet, ob sich denn der Mensch in dem Augenblick, als er damit begann, seine Erkenntnis zu verdunkeln, dessen deutlich bewußt ist.« (KT, 89)

Dagegen argumentiert Kierkegaard, dass die Sünde als Sünde nur dann eintreten kann, wenn sie mit Bewusstsein verbunden ist. Kierkegaard führt also die sokratische Argumentation durch eine immanente Kritik ad absurdum: »Ist nämlich die Sünde Unwissenheit, so existiert ja die Sünde eigentlich nicht; denn die Sünde ist ja gerade Bewußtheit. Bedeutet die Sünde, daß man das Richtige nicht kennt, so daß man deshalb das Falsche tut, so existiert die Sünde nicht.« (KT, 90) Der Grund der Unwissenheit kann nur im Willen liegen: »[D]ie Frage, die sich stellen müßte, ist die nach dem Verhältnis von Erkenntnis und Willen zueinander. Auf alles derartige (und hier könnte man nun viele Tage weiterfragen) läßt sich die sokratische Definition eigentlich nicht ein.« (KT, 89) Kierkegaard fasst diesen Willen auch als eine Art von »Trotz« (KT, 91) auf, d.h. als ein aktives und bewusstes Sich-Widersetzen gegenüber dem Guten.

Wie kann es dann aber geschehen, dass der Mensch wissentlich-willentlich sündigt? Es ist nach Kierkegaard unwahrscheinlich, »daß der Wille hingeht und das Gegenteil von dem tut, was die Erkenntnis eingesehen hat« (KT, 95). Dafür aber ist es möglich, die Erkenntnis durch zeitlichen Aufschub willentlich zu verdunkeln: »[D]er Wille läßt dann einige Zeit vergehen, es entsteht ein Interim, es heißt: wir wollen es doch bis morgen überlegen. Bei all dem wird die Erkenntnis dunkler und dunkler, und das Niedere gewinnt mehr und mehr die Oberhand.« (ebd.) Der Wille kann also nach Kierkegaard die Vernunft beeinflussen:

»Allmählich hat der Wille nichts dagegen, daß das geschieht, er drückt fast ein Auge zu. Und wenn dann die Erkenntnis gehörig verdunkelt ist, dann verstehen Erkenntnis und Wille sich besser; schließlich sind sie ganz einer Meinung, denn nun ist die Erkenntnis zur Seite des Willens übergegangen, und erkennt, daß es ganz richtig ist, wie er es will.« (KT, 96)

Den Grund der Sünde in dieser willentlichen Aktivität und nicht einfach in der mangelhaften Erkenntnis zu suchen zeichnet nach Kierkegaard das Christentum gegenüber der Antike im Sinne des Sokrates aus:

»Sokrates gibt die Erklärung, wer das Richtige nicht tue, der habe es auch nicht verstanden; das Christentum holt jedoch ein bißchen weiter aus und sagt, der Grund dafür sei, daß er es nicht verstehen wolle, und der Grund dafür wieder, daß er das Richtige nicht wolle. Und ferner lehrt es, daß ein Mensch das Falsche tut (der eigentliche Trotz), obwohl er das Richtige versteht, oder daß er es unterläßt, das Richtige zu tun, obwohl er es versteht.« (KT, 96 f.)

An dieser Kritik der antiken Tradition zeigt sich, dass Kierkegaard im Anschluss an Schelling eine positive und perversive Theorie des Bösen vertritt. Für ihn gilt, »[d]aß die Sünde keine Negation, sondern eine Position ist« (KT, 98). Dieses ›Positive‹ der Sünde besteht gegenüber dem Bösen nicht darin, gegen die moralische Norm zu verstoßen, sondern dass sie vor Gott geschieht. Auch ist die Sünde kein einmaliges, punktuelles Ereignis, sondern eine »ponierende Kontinuierlichkeit« (KT, 109). Die Sünde gehorcht einer anderen Logik als dem Gedanken von positiven und negativen Werten, die sich aufaddieren lassen: »Der Zustand in der Sünde ist im tiefsten Sinne die Sünde, die einzelnen Sünden sind nicht die Fortsetzung der Sünde, sondern der Ausdruck für die Fortsetzung der Sünde.« (ebd.) Demnach ist die Sünde als eine Art Lebensform zu verstehen, die den ganzen Charakter des Menschen fundiert und über die Zeit aufrechterhält. Deshalb ist die Sünde, wie Kierkegaard sagt, »etwas Konsequentes, und in dieser Konsequenz in sich des Bösen hat sie auch eine gewisse Kraft« (KT, 110). Kierkegaard bezeichnet einen solchen konstitutiv sündhaften Menschen als »dämonischen Menschen« (KT, 111). Der dämonische Mensch will sein böses Wesen um jeden Preis aufrechterhalten und vor dem Einfluss des Guten bewahren, da die Sünde sein Fundament bildet, er ihr seine Existenz verdankt: »Gerade weil der dämonische Mensch konsequent in sich und in der Konsequenz des Bösen ist, gerade deshalb hat er auch eine Totalität zu verlieren.« (ebd.)

3.13 Nietzsche

Im Gegensatz zu den Philosophen des deutschen Idealismus entwickelt Friedrich Nietzsche (1844–1900) seinen Begriff des Bösen nicht innerhalb eines Systems. Nietzsche unterstellt den Systemdenkern gerade, nicht primär nach der Wahrheit zu streben, sondern vor allem nach einer falschen Sicherheit. So zwängt das System nach Nietzsche die Welt in ein festgefügtes Raster, um die Illusion zu erzeugen, dass diese vollständig begreifbar wäre. Der Systematiker – so Nietzsches psychologische Deutung – ist also nur aus Furcht vor der Komplexität der Wirklichkeit ein Systematiker und beweist dadurch seine Charakterschwäche.

Nietzsche entwickelt seine Philosophie deshalb nicht in Form eines Systems, sondern als Aphorismen, d.h. als kleine gedankliche Einheiten: nicht als lineare Gedankengänge, sondern als heterogene und eigenständige Gedankensplitter. Form und Inhalt stellen in seiner Philosophie eine Einheit dar: Der Multiperspektivität der Wirklichkeit soll die Vielfalt von Nietzsches widerborstigen Aphorismen entsprechen. Die Einheit von Form und Inhalt, die Nietzsches authentizitätstheoretischen Philosophiebegriff charakterisiert, geht jedoch noch weiter, denn auch philosophische Doktrin und persönliches Leben gehören nach Nietzsche untrennbar zusammen.

Nietzsches authentizitätstheoretischer Begriff von Philosophie zeigt sich besonders in seiner Methode des genealogischen Denkens, welches die Geltung von Theorien und Begriffen von der Art und Weise, den Umständen und Motivationen ihrer Entstehung abhängig macht. Nietzsche will durch seine genealogische Perspektive gewissermaßen ›hinter‹ die Begriffe schauen und prüfen, ob sie im Sinne seines Authentizitätskriteriums stimmig sind. Sein Denken gräbt in die Tiefen des Begriffs – wie in verschiedene Sedimentschichten – hinein. Mit Blick auf das Böse formuliert Nietzsche seine moral-genealogischen Leitfragen wie folgt:

»[U]nter welchen Bedingungen erfand sich der Mensch jene Werthurtheile gut und böse? und welchen Werth haben sie selbst? Hemmten oder förderten sie bisher das menschliche Gedeihen? Sind sie ein Zeichen von Nothstand, von Verarmung, von Entartung des Lebens? Oder umgekehrt, verräth sich in ihnen die Fülle, die Kraft, der Wille des Lebens, sein Muth, seine Zuversicht, seine Zukunft?« (GM, 249f.)

Nietzsches Genealogie zielt darauf ab, »das ungeheure, ferne und so versteckte Land der Moral – der wirklich dagewesenen, wirklich gelebten Moral – mit lauter neuen Fragen und gleichsam mit neuen Augen zu bereisen«:

»Wie? wenn das Umgekehrte die Wahrheit wäre? Wie? wenn im ›Guten‹ auch ein Rückgangssymptom läge, insgleichen eine Gefahr, eine Verführung, ein Gift, ein Narcoticum, durch das etwa die Gegenwart auf Kosten der Zukunft lebte? Vielleicht behaglicher, ungefährlicher, aber auch in kleinerem Stile, niedriger? ... So dass gerade die Moral daran Schuld wäre, wenn eine an sich mögliche höchste Mächtigkeit und Pracht des Typus Mensch niemals erreicht würde? So dass gerade die Moral die Gefahr der Gefahren wäre?« (GM, 253)

Es geht Nietzsche also darum, »die ganze lange, schwer zu entziffernde Hieroglyphenschrift der menschlichen Moral-Vergangenheit« (GM, 254) lesbar zu machen. Was ist die eigentliche Bedeutung von »gut« und »böse«? Nietzsches Archäologie der Moral führt ihn dahin, dass er hinter dem *malum morale* das *malum physicum* zutage fördert und hinter dem *bonum morale* das *bonum physicum*, das dem antiken aristokratischen Ideal »gut = vornehm = mächtig = schön = glücklich = gottgeliebt« (GM, 267) entspricht, »im Gegensatz zu allem Niedrigen, Niedrig-Gesinnten, Gemeinen und Pöbelhaften« (GM, 259). »Gut« im eigentlichen Sinne ist nach Nietzsche dasjenige, was die alten Griechen als *»agathós«* oder *»areté«* bezeichnet haben: die Tauglichkeit, das Gut-Sein im weitesten Sinne. Adäquater Ausdruck eines so verstandenen Gut-Seins ist nach Nietzsche eine spezifische Haltung, das »Pathos der Vornehmheit und Distanz« (KSA VI, 259). Es handelt sich um eine aristokratische Haltung, der jegliches Mitleid mit Schwächeren fremd ist.

Wie Rousseau vertritt Nietzsche damit ein Verfallsmodell der Moral, auch wenn er gerade das Mitleid als eigentliches Übel identifiziert. Der jüdisch-christlichen Tradition wirft er im Rahmen einer psychologischen Analyse vor, den ursprünglichen Begriff des Guten aus Gründen des Ressentiments sprachpragmatisch pervertiert zu haben, gemäß dem folgenden Schema:

> »[D]ie Elenden sind allein die Guten, die Armen, Ohnmächtigen, Niedrigen sind allein die Guten, die Leidenden, Entbehrenden, Kranken, Hässlichen sind auch die einzig Frommen, die einzig Gottseligen, für sie allein giebt es Seligkeit, — dagegen ihr, ihr Vornehmen und Gewaltigen, ihr seid in alle Ewigkeit die Bösen, die Grausamen, die Lüsternen, die Unersättlichen, die Gottlosen, ihr werdet auch ewig die Unseligen, Verfluchten und Verdammten sein!« (GM, 267)

Ein solcher »Sklavenaufstand in der Moral« (GM, 270) schafft also selbst Werte, jedoch nicht spontan, sondern nur als Reaktion: »Während alle vornehme Moral aus einem triumphirenden Ja-sagen zu sich selber herauswächst, sagt die Sklaven-Moral von vornherein Nein zu einem ›Ausserhalb‹, zu einem ›Anders‹, zu einem ›Nicht-selbst‹: und dies Nein ist ihre schöpferische That.« (GM, 270 f.) Der moralische Mensch ist nach Nietzsche vom Ressentiment zerfressen, seine Begriffe entstammen dem »Braukessel des ungesättigten Hasses« (GM, 274). Er befindet sich in einem psychischen Ungleichgewicht: »Seine Seele schielt; sein Geist liebt Schlupfwinkel, Schleichwege und Hinterthüren, alles Versteckte muthet ihn an als seine Welt, seine Sicherheit, sein Labsal; er versteht sich auf das Schweigen, das Nicht-Vergessen, das Warten, das vorläufige Sich-verkleinern, Sich-demüthigen.« (GM, 272) Ein wahrhaft guter Mensch im Sinne von Nietzsches Authentizitätskriterium hingegen lässt sich nicht vom Ressentiment bestimmen: Er »schüttelt eben viel Gewürm mit Einem Ruck von sich, das sich bei Anderen eingräbt« (GM, 273).

Nietzsche muss sich allerdings die kritische Rückfrage gefallen lassen, ob die Geltung eines Begriffs wie jener des Bösen wirklich immer auch von seiner Genese abhängig ist. Warum sollte der Begriff des *malum morale*, selbst wenn er auf Basis von Schwäche entwickelt worden wäre, kein sinnvoller Begriff mit normativer Relevanz sein? So gesehen könnte Nietzsches *Genealogie der Moral* selbst als eine Form von Moralphilosophie gelesen werden, die wesentlich auf die moralische Motivation fokussiert: Ein authentischer Begriff des moralisch Bösen setzt voraus, dass er aufgrund von objektiv-moralischen Erwägungen und nicht von individuell-instrumentellen Gründen verwendet wird. Denkt man in diesem Sinne Nietzsche kritisch weiter, so könnte gerade die unauthentische Verwendung des Begriffs des Bösen selbst böse sein, da sie ihren motivationalen Grund im Neid und Ressentiment hat.

3.14 Arendt

Mit ihrem Wort von der »Banalität des Bösen« hat Hannah Arendt (1906–1975) versucht, das Phänomen eines historisch konkreten und spezifisch modernen Bösen im 20. Jahrhundert – dem Zeitalter der Ideologien und des Totalitarismus – zu fassen. Das Problem dieses modernen Bösen besteht darin, dass gerade extreme Formen von Gewalt und Verbrechen aufgrund ihrer ideologischen und systematischen Verwobenheit in größere gesellschaftliche Strukturen kein Subjekt mehr erkennen lassen, welches diese greifbar machen würde, wie die Ausmaße dieses Bösen es eigentlich nahelegen. Arendt konzentriert sich vor allem auf die unscheinbare Person Adolf Eichmanns, eines SS-Obersturmbannführers, der für die Organisation der Vertreibung und der Deportation der Juden verantwortlich war. Arendt schreibt rückblickend über ihre Begegnung mit Eichmann:

»Das Böse, so haben wir gelernt, ist etwas Dämonisches [...]. Böse Menschen, so heißt es, handeln aus Neid, sei es aus Enttäuschung darüber, daß ihnen der Erfolg ohne eigenes Verschulden versagt blieb [...], oder aus dem Neid eines Kain, der Abel erschlug [...]. Oder sie handeln aus Schwäche [...]; oder umgekehrt aus jenem mächtigen Haß heraus, den das Böse für das reine Gute empfindet [...], oder aus Begierde, der ›Wurzel aller Übel‹ [...]. Ich aber stand vor etwas völlig anderem und doch unbestreitbar Wirklichem. Ich war frappiert von der offenbaren Seichtheit des Täters, die keine Zurückführung des unbestreitbar Bösen seiner Handlungen auf irgendwelche tieferen Wurzeln oder Beweggründe ermöglichte. Die Taten waren ungeheuerlich, doch der Täter – zumindest jene einst höchst aktive Person, die jetzt vor Gericht stand – war ganz gewöhnlich und durchschnittlich, weder dämonisch noch ungeheuerlich. Nichts an ihm deutete auf feste ideologische Überzeugungen oder besondere böse Beweggründe hin; das einzig Bemerkenswerte an seinem früheren Verhalten wie auch an seinem jetzigen vor Gericht und in den vorangegangenen Polizeiverhören war etwas rein Negatives: nicht Dummheit, sondern Gedankenlosigkeit.« (LG, 13 f.)

Diese spezifisch moderne Form des Bösen ist nach Arendt mit nichts bisher Dagewesenem zu vergleichen. Ihr zufolge besteht es in seiner Anonymität, darin, dass es keine Personen mehr gibt, die als Subjekte des Bösen hervorstechen und sichtbar werden. Es handelt sich hierbei also um ein Phänomen des Bösen, welches durch den kantischen Willensbegriff nicht gefasst werden kann, da es selbst als wesentlich *unwillentlich* erscheint. Das totalitäre Böse des 20. Jahrhunderts zeigt sich wesentlich apersonal, ohne bestimmende Motive und definitive Gründe, die es verständlich machen: »Das größte Böse ist nicht radikal, es hat keine Wurzeln, und weil es keine Wurzeln hat, hat es keine Grenzen, kann sich ins unvorstellbar Extreme entwickeln und über die ganze Welt ausbreiten.« (ÜdB, 76 f.) »Das größte begangene Böse«, so Arendt, »ist das Böse, das von Niemanden getan wurde, das heißt, von menschlichen Wesen, die sich weigern, Personen zu sein.« (ÜdB, 100)

Die »Banalität des Bösen« besteht nach Arendt darin, dass Eichmann anders als typische Vertreter des Bösen wie etwa Shakespeares Figur des Bösewichts Jago keine personalen Konturen erkennen lässt. Es entzieht sich daher dem moralischen Zugriff. Eichmann ist in den Augen Hannah Arendts nur ein banaler Schreibtischtäter, der gerade keine personalen Merkmale aufweist: »Außer einer ganz ungewöhnlichen Beflissenheit, alles zu tun, was seinem Fortkommen dienlich sein konnte, hatte er überhaupt keine Motive« (BB, 56), so dass man ihm »beim besten Willen keine teuflisch-dämonische Tiefe abgewinnen kann« (BB, 57). Die Gefahr dieser »Banalität des Bösen« besteht nach Arendt jedoch darin, dass »eine solche Realitätsferne und Gedankenlosigkeit in einem mehr Unheil anrichten können als alle die dem Menschen vielleicht innewohnenden bösen Triebe zusammengenommen« (BB, 57). Nach Arendt bildet den Grund dieser Banalität die »schiere Gedankenlosigkeit – etwas, was mit

Dummheit keineswegs identisch ist –, die ihn [scil. Eichmann] dafür prädisponierte, zu einem der größten Verbrecher jener Zeit zu werden.« (BB, 57) Diese Gedankenlosigkeit darf jedoch nicht im Sinne einer Privationstheorie des Bösen verstanden werden. Das apersonal agierende Böse ist viel gefährlicher als das personal gebundene, eben weil es sich jeglicher Greifbarkeit entzieht:

> »Das größte begangene Böse ist das Böse, das von Niemanden getan wurde, das heißt, von menschlichen Wesen, die sich weigern, Personen zu sein. Im konzeptionellen Rahmen dieser Betrachtungen könnten wir feststellen, daß Übeltäter, die sich weigern, selbst darüber nachzudenken, was sie tun, und die sich auch im Nachhinein gegen das Denken wehren – also sich weigern, zurückzugehen und sich an das zu erinnern, was sie taten [...], es eigentlich versäumt haben, sich als ein Jemand zu konstituieren. Indem sie sturköpfig ein Niemand bleiben, erweisen sie sich als unfähig, mit Anderen zu kommunizieren, die, ob nun gut, böse oder in dieser Hinsicht unbestimmbar, zumindest aber Personen sind.« (ÜdB, 101 f.)

Die Wendung von der »Banalität des Bösen« sollte also nicht so verstanden werden, dass dieses Böse banal, d.h. harmlos und unterkomplex wäre. Vielmehr besteht seine Gefährlichkeit im bewusst erzeugten Schein der Banalität, der in totalitären Systemen umso leichter erzeugt werden kann, als es auf den Einzelnen scheinbar nicht ankommt. Gerade Eichmann hatte im Rahmen seines Gerichtsprozesses behauptet, er sei nur ein kleines Rädchen in der Vernichtungsmaschinerie des Nationalsozialismus gewesen. Das banale Böse ist also gerade nichts theoretisch Unterkomplexes oder Defizitäres, sondern böse in zweiter Potenz: Es widersetzt sich nicht nur dem Gesetz der Moral, sondern darin zugleich dem Gesetz der personalen Identität, insofern es sich im Akt des Bösen der Möglichkeit der Zuschreibung entzieht. Die Perversion des banalen Bösen besteht darin, einen Schein zu erzeugen, der sich den Anstrich der Normalität oder gar Banalität gibt. Die Banalität des Bösen ist demnach eine Perversion, die sich als Privation tarnt.

3.15 Neuere Ansätze

In der aktuellen philosophischen Debatte über das Böse lassen sich verschiedene Tendenzen ausmachen, das Phänomen unter spezifischen Gesichtspunkten zu perspektivieren und zugleich zu konkretisieren. Der französische Philosoph Paul Ricœur (1913–2005) etwa hat sich aus phänomenologischer und psychoanalytischer Perspektive vor allem mit der Wirkung des Bösen und dem Leid, welches es dem von ihm betroffenen Anderen verursacht, befasst. Zugleich wendet er den Blick von der Erkenntnis des Grundes des Bösen, wie er in der Tradition im Ausgang von Augustinus im Zentrum steht (*unde male faciamus*), hin zu dessen praktischer, psychologischer und politischer Bewältigung: »Die Antwort des Handelns – nicht aber die Lösung! – lautet: ›Was ist gegen das Böse zu tun?‹ Damit richtet sich der Blick auf die Zukunft mit der Idee einer Aufgabe, die es zu erfüllen gilt, und antwortet so auf die Frage nach dem Ursprung.« (Ricœur 2006: 53) Auch wendet sich Ricœur mit phänomenologischem Blick den Emotionen von Klage und Anklage zu, die sich bei seinen Opfern als subjektive Reaktion auf das Böse einstellen. Er plädiert dafür, diese Emotionen in Form einer philosophischen und theologischen Trauerarbeit zu transformieren. Gerade angesichts der emotionalen Herausforderung des Bösen kann so eine Einheit von Denken, Handeln und Fühlen erreicht und dem Bösen ganzheitlich begegnet werden (Ricœur 2006: 56). Ricœur schlägt in diesem Zusammenhang einen Weg vor, »völlig aus dem Kreislauf der Vergeltung herauszutreten, in dem die Klage noch gefangen ist, solange sich das Opfer über sein ungerechtes Los beklagt«, einen Verzicht, in dem er Gemeinsamkeiten der jüdisch-christlichen mit der buddhistischen Weisheit erblickt (Ricœur 2006: 60).

Die US-amerikanische Philosophin Susan Neiman hat das Problem des Bösen als »die treibende Kraft des modernen Denkens« und gar als »Organisationsprinzip für das Verstehen der Philosophiegeschichte« sowie als »Wurzel der neuzeitlichen Philosophie« beschrieben (Neiman 2006: 25; 32; 40), wie sie sich in der Unterscheidung von physischem und moralischem Übel manifestiert. Diese Unterscheidung wird nach Neiman in der Gegenwart durch neue Formen des Bösen immer mehr aufgehoben. Von besonderem Interesse ist für Neiman die Struktur von terroristischen Anschlägen, wie sie sich etwa in den Ereignissen des 11. September 2001 manifestiert:

> »Die heutigen Möglichkeiten bedrohen [...] selbst die frühneuzeitlichen Bemühungen, das moralische vom natürlichen Bösen zu unterscheiden. Terroristische Attentate ahmen die willkürlichen Schläge der Natur nach. Gehen sie mit der bewußten Reproduktion der übelsten Seiten der Natur, wie etwa Seuchen, einher, wird die Mischung von moralischem und natürlichem Bösen durch die Terroristen so entsetzlich, daß wir zum Verzweifeln verurteilt scheinen.« (Neiman 2006: 419)

Eine weitere Form des modernen Bösen erblickt Neiman darin, »moralische Unterscheidungen selbst auszulöschen«, etwa indem Opfer selbst zu Komplizen der Täter gemacht werden: »Nichts entsetzt am 11. September so sehr wie die Tatsache, daß die Passagiere der ins World Trade Center einschlagenden Flugzeuge nicht nur aus dem Leben in den Tod gerissen wurden, sondern auch noch Teil der Explosionen waren, die Tausende andere töteten.« (Neiman 2006: 420) Neiman lenkt wie Ricœur den Blick von dem Subjekt des Bösen zu seinem Objekt, also auf die Folgen des Bösen und seine Opfer. Als eine komplementäre Beschreibung des Phänomens ist dies unerlässlich. Doch birgt eine solche objektzentrierte Sicht auf das Böse auch die Gefahr, dass es durch seine Wirkungen auf ein *malum physicum* reduziert wird. Zum Bösen als *malum morale* gehört immer ein Moment der Innerlichkeit und Subjektivität, auch wenn sein Begriff relational einer Einbeziehung der Objekt- und Opferseite bedarf.

Die deutsche Philosophin Bettina Stangneth hat in ihrem Buch *Böses Denken* den Blick auf die performative Dimension des Denkens und Urteilens gelegt, das die Welt nicht nur deskriptiv darstellt, sondern sie im Begreifen selbst verändert. In diesem Zusammenhang hat sie den Begriff des »akademischen Bösen« geprägt: Dieses gegen Moralität immunisierte wissenschaftliche Denken »ist kein Versehen, auch keine Banalität des Bösen, also auch kein Mangel an Vorstellungskraft, sondern ein Böses, das Wissen und Denken instrumentalisiert und dabei so klug und konsequent vorgeht, dass die Intelligenz dahinter nicht zu verbergen ist« (Stangneth 2016: 228). Wenn auch das Denken *selbst* böse sein kann, dann wird Hannah Arendts Theorie der »Banalität des Bösen« problematisch, denn »[s]ie ist Ausdruck der Überzeugung, dass es einen Zusammenhang zwischen Denken und Moral gibt, Denken also unmittelbar auf die Moralität wirkt, und dass diese Wirkung ausschließlich moralisierend ist« (Stangneth 2016: 117). Die Folgerichtigkeit des Denkens garantiert nicht zugleich auch dessen Moralität. Vielmehr gilt: »Auch Mörder können denken, und einige von ihnen taten und tun es schneller, konsequenter und virtuoser, als wir es uns vorstellen konnten.« (Stangneth 2016: 243) Daraus ergibt sich nach Stangneth die moralische Forderung, »dass wir nicht nur eine Verantwortung für unser Handeln in der Welt haben, sondern auch dafür sorgen müssen, dass unser Handeln in uns, also das Denken selbst als komplexes Zusammenspiel aller unserer Denkwerkzeuge, von der Sinnlichkeit bis zur Urteilskraft, dem moralischen

Anspruch nicht zuwiderläuft« (Stangneth 2016: 204). Durch ihren Begriff des »akademischen Bösen« gelingt es Stangneth, zwei Momente einer Theorie des Bösen zusammenzudenken, die für dessen volle moralische Zurechenbarkeit unverzichtbar sind: (i) die Aktivität einer bösen Handlung und (ii) die Rationalität bzw. Verständlichkeit derselben, ohne dass diese auf ein Vernunftdefizit oder Unvermögen zurückgeführt werden müsste, welches dann selbst wiederum die volle moralische Zurechenbarkeit beeinträchtigen würde.

4. Ästhetiken des Bösen

4.1 Böse Künste

Wie wird das Böse in der Kunst thematisch? Sein Zusammenhang mit dem Ästhetischen scheint zunächst nicht auf der Hand zu liegen, da für die Kunst keine moralischen Kategorien und Fragestellungen, sondern eigene Gesetzlichkeiten gelten, die prinzipiell moralindifferent sind. Vordergründig mag deshalb die Rede von einer »Ästhetik des Bösen« nicht zwingend sein. Eine solche Ansicht übersieht jedoch, dass das Ästhetische ebenso wie das Ethische Form einer Praxis ist, die jeweils aus der menschlichen Freiheit entspringt. Gerade auch auf die Kunst hat das Phänomen des Bösen deshalb als Faszinosum gewirkt und lässt sich sogar als eigene ästhetische Kategorie verstehen, die eine bloße »Ästhetik des Hässlichen« (Karl Rosenkranz) noch weiter radikalisiert (Bohrer 2004; Alt 2010).

Einer solchen »Ästhetik des Bösen« liegt wesentlich die Auffassung zugrunde, dass das Böse ein Phänomen ist, das eine eigene Gesetzlichkeit und Struktur besitzt. Als solches kann es zum Anlass spezifischer literarischer, filmischer und musikalischer Ausgestaltung werden, was bei einer durch bloßen Mangel gemäß einer privationstheoretischen Auffassung gekennzeichneten Verfasstheit in dieser Form nicht möglich wäre. Eine Ästhetik des Bösen kann insofern als konsequente Fortführung des philosophischen Gedankens einer Perversionstheorie des Bösen verstanden werden, die das Böse als performativen Ausdruck der Freiheit begreift. Daneben sind es das dem Phänomen des Bösen wesentliche Moment der Erzeugung von Schein und die in ihm wirkende Individualität, die es für die Ästhetik zu einem Objekt des Interesses machen, da es die Möglichkeiten künstlerischen Ausdrucks und des Entwurfs neuer Ordnungen strukturell teilt. In der Ästhetik des Bösen kann sich eine ins Extreme gesteigerte Freiheit zeigen, die nicht mehr der Ordnung des Guten und ›Normalen‹ gehorcht und nicht einmal mehr der Logik der Moral sowie ihrer normativen Unterscheidung von Gut und Böse insgesamt. Wie die Kunst behauptet das Böse seine Freiheit gegenüber der Normativität der Moral, so dass insbesondere das ästhetische Böse als Inbegriff der Autonomie der Kunst gelten kann, widersetzt es sich doch zugleich den Gesetzen desjenigen, was als moralisch und was als schön zu gelten hat.

Die Faszination des Bösen für die Kunst und besonders für die Literatur besteht darin, dass das Böse wie auch die Kunst selbst Formen der Freiheit sind, die nicht ohne Weiteres auf den Begriff gebracht, aber gerade in dieser Eigenart thematisch werden können. Die Autonomie der Kunst erreicht hier einen Grad, der sie nicht mehr nur nicht in den Dienst anderer Zwecke gestellt sein lässt, sondern selbst die Grenzen der Moral performativ überschreitet. Insofern stellt sich mit ihr nicht nur die Frage nach der ästhetischen Darstellung des Bösen im Hinblick auf böse Gegenstände, sondern nach der Möglichkeit eines bösen Kunstwerks selbst. Der deutsche Literaturtheoretiker Karl Heinz Bohrer hat in diesem Zusammenhang den Blick auf ein Phänomen gelenkt, welches er die »Imagination des Bösen« nennt und das ihm zufolge den »Grundstein einer Poetologie der Moderne« bildet (Bohrer 2004: 21 f.). Es sind demnach nicht bloße Vorstellungsinhalte, sondern der künstlerische Akt als solcher, der eine innere Beziehung mit dem Bösen unterhält. Die Autonomie der

Kunst besteht in der Moderne nicht mehr allein darin, dass sie das Böse abbildet, sondern in einer strukturellen Assimilation: »Die Dichtung stellt nicht einfach das Böse dar, sondern die Struktur des imaginativen Bewußtseins ist auf eine solche Darstellung angelegt«, insofern die Imagination »selbst teilhat an dem Bösen, das sie darstellt« (Bohrer 2004: 30 f.). Einer solchen perversiven Imagination des Bösen entspricht, dass im Zentrum der Imagination »das Verweigern von Sinn« steht, also die Abgründigkeit des Unbegreiflichen und dennoch Imaginierbaren: Die Autonomie der Kunst zeigt sich im Modus des Bösen gerade dort, wo die Imitation der Welt und die Verständlichkeit der Imagination aufgehoben sind, denn das ästhetisch Böse »verweigert sich der Inanspruchnahme durch Sinnauslegung« (Bohrer 2004, 29 f.). Ästhetische Imagination ist mithin nicht bloße Abstraktion und Rezeption, sondern selbst Aktion, die sich im Akt der Darstellung performativ vollzieht.

4.2 Böse Texte

Als einer nicht unmittelbar bildlich darstellenden Kunstform kommt der Literatur im Hinblick auf eine Ästhetik des Bösen eine besondere Bedeutung zu. Die Besonderheit besteht dabei darin, dass der Leser selbst in die Situation versetzt ist, das Böse zu imaginieren, es gewissermaßen selbst in sich als Vorstellung zu erschaffen und auf diese Weise selbst zum Subjekt und Objekt des Bösen zu werden. Zwei Typen des Bösen spielen dabei eine herausragende Rolle: Der klassische Bösewicht und Schurke, wie er wohl am deutlichsten in der Figur des Jago in Shakespeares *Othello* dargestellt ist, und die Figur des Teufels, wie sie am prominentesten in der Gestalt des Mephistopheles in Goethes *Faust* auftritt.

Mit der Figur des Jago hat William Shakespeare (1564–1616) den wohl prägnantesten menschlichen Bösewicht der Literaturgeschichte geschaffen. Als Fähnrich Othellos, einem venezianischen General in Zypern, versteht es Jago meisterhaft, sich als ehrlich zu geben und im Schein moralischer Integrität das Vertrauen Othellos zu erwerben, auch wenn er aus gekränkter Eitelkeit und Neid – ein anderer ist an seiner statt zum Leutnant befördert worden – beschlossen hat, sich an diesem zu rächen. Auf höchst geschickte Weise strickt Jago eine Intrige und erreicht, dass Othello seine Gattin Desdemona aus Eifersucht tötet. Die Besonderheit der Rolle Jagos besteht darin, dass Shakespeare diesem im Stück mehr Präsenz einräumt als dem eigentlichen Protagonisten Othello. Darüber hinaus erweist sich Jago als überaus intelligent und psychologisch äußerst scharfsinnig. In der 3. Szene des 1. Aktes reflektiert Jago etwa wie folgt über die Freiheit des menschlichen Willens:

»In uns selber liegt's, ob wir so oder so sind. Unser Körper ist ein Garten, und unser Wille der Gärtner, so daß, ob wir Nesseln drin pflanzen wollen oder Salat bauen, Ysop aufziehn oder Thymian ausjäten; ihn dürftig mit einerlei Kraut besetzen, oder mit mancherlei Gewächs aussaugen; ihn durch Trägheit verwildern lassen oder durch Fleiß fruchtbar machen – ei, das Vermögen dazu und die bessernde Macht liegt durchaus in unserem Willen. Hätte der Waagbalken unsres Lebens nicht eine Schale der Vernunft, um eine andere der Sinnlichkeit aufzuwiegen, so würde unser Blut und die Bösartigkeit unsrer Triebe uns zu den verkehrtesten Entschlüssen führen; aber wir haben die Vernunft, um die tobenden Leidenschaften, die fleischlichen Triebe, die zügellosen Lüste zu kühlen.«

Mit den Worten Jagos lässt Shakespeare den Zuschauer wissen, dass das Böse gerade nicht in einem Mangel an Freiheit oder Intelligenz besteht, sondern vielmehr darin, aus Freiheit die Intelligenz zu missbrauchen und auf diese Weise großes Unheil anzurichten. Das Böse besteht dabei gerade nicht im unmittelbaren

Zufügen von physischer Gewalt, sondern vollzieht sich beinahe unmerklich durch von Neid und Eifersucht durchgetränkte psychologische Strategien, die schließlich in umso mehr Leid münden und menschliche Beziehungen zerstören.

Als Personifizierung des Bösen spielt in literarischen Texten vor allem die Figur des Teufels eine prominente Rolle, wobei bereits die Etymologie des Worts »Teufel« (von gr. *diábolos*; der Zerwürfnis-Stifter; *diabállein*, »durcheinanderwerfen«) anzeigt, dass diese Figur ein aktives und perversives Verständnis des Bösen verkörpert und gerade nicht ein privatives oder defektives, wie es etwa – analog zur Ästhetik des Hässlichen – in einfältigen Ungeheuern oder Monstern Gestalt annimmt. Der Teufel kann als Personifikation und Inbegriff des perversiven Bösen gelten. Als solcher übt er seit jeher besondere Faszination aus und dient so als Katalysator ästhetischer Imagination und Produktion.

Bereits in John Miltons (1608–1674) epischem Gedicht *Paradise Lost* kommt der Figur des Teufels eine zentrale Rolle zu. Dieser stellt darin geradezu die Hauptfigur dar, insofern er sehr detailliert gezeichnet ist und der Autor ihm in langen Monologen viel Raum zur Darlegung seiner Ansichten und Absichten gewährt. Der Satan, ein gefallener Engel, schmiedet – »entflammt von hochaufstrebenden Gedanken« – einen Plan und tarnt sich, motiviert durch »Zorn, Verzweiflung, Neid«, als »jugendlicher Cherub«. Auf diese Weise verschafft er sich Eintritt ins Paradies, um Adam und Eva zu verführen. Sein Wesen besteht mithin in einer scheinhaften und trügerischen Natur, die es ihm erlaubt, Werte umzuwerten und sich zu tarnen, um so Gott die Herrschaft streitig zu machen: Er ist »Ein Meister des Betrugs, der Erste wol, / Der Falschheit unter Heil'genschein geübt«. Die Motivation des Teufels gibt das Gedicht wie folgt wieder:

> »Das Böse sei mein Gutes! Denn durch Dich
> Hab ich des Reiches Hälfte doch, das ich
> Mit dem Allmächtigen theile; ja durch Dich
> Werd' ich vielleicht noch mehr als halb regieren,
> Was bald der Mensch der neuen Welt erfahre.«
> (4. Gesang, 79)

Der große Erfolg von *Paradise Lost* legt nahe, dass sich neuzeitliche Leser gerade mit der darin beschriebenen Individualität des Teufels und seinem Machtstreben, das in vielerlei Hinsicht menschliche Züge trägt, identifizieren können. Das Werk sollte, obwohl von Milton ursprünglich in einem christlich-puritanischen Kontext verfasst, später als Anknüpfungspunkt für die Strömung des Satanismus dienen, der sich im 18. Jahrhundert entwickelte, indem er den christlichen Begriff des Teufels selektiv uminterpretierte und so für ästhetisch-romantische und mitunter gar politische Zwecke fruchtbar machte (Dyrendal u.a. 2016: 28 ff.).

Eine zentrale Rolle spielt die Figur des Teufels auch in Goethes *Faust*, wobei hier das Thema des Teufelspakts von großer Bedeutung ist. Die Figur des Gelehrten Faust kann als Inbegriff des menschlichen Wissensdrangs, aber auch seines Hochmuts gelten:

> »Und was der ganzen Menschheit zugeteilt ist,
> Will ich in meinem innern Selbst genießen,
> Mit meinem Geist das Höchst' und Tiefste greifen,
> Ihr Wohl und Weh auf meinen Busen häufen,
> Und so mein eigen Selbst zu ihrem Selbst erweitern,
> Und, wie sie selbst, am End' auch ich zerscheitern«
> (Faust I, 78)

Für das Versprechen, ihm zu irdischem Glück zu verhelfen, verkauft Faust dem Teufel in der Gestalt von Mephistopheles seine Seele (»Werd' ich zum Augenblicke sagen: / Verweile doch! Du bist so schön! / Dann magst du mich in Fesseln schlagen, / Dann will ich gern zugrunde gehen!« (Faust I, 76)). In motivischer Nähe zum Sündenfall-Mythos ist damit in der Fausterzählung die Möglichkeit tiefster Erkenntnis mit der Versuchung des Bösen in ein Verhältnis gesetzt. So schreibt etwa Mephistopheles in das Stammbuch eines Schülers ein Zitat aus der Sündenfallerzählung, in welcher die Schlange Adam und Eva die Gottgleichheit verspricht, wenn sie vom Baum der Erkenntnis essen (»Eritis sicut Deus, scientes bonum et malum«; Faust I, 87). Mephistopheles bezeichnet gar die Schlange als seine Verwandte (»Muhme«). Auch findet sich in der Fausterzählung ein Motiv aus dem Buch Hiob, welches von einer Wette über die Verführbarkeit des Menschen handelt, die der Teufel mit Gott abschließt. Mephistopheles erscheint im Faust weniger als furchteinflößendes Ungeheuer denn als zwielichtige Gestalt, die die Menschen durch ihren Witz verführt. Er ist dabei wenig greifbar und entzieht sich als »Teil von jener Kraft, / Die stets das Böse will und stets das Gute schafft« (Faust I, 64) der Eindeutigkeit. Als »Geist, der stets verneint«, kommt dem Teufel keine eigene Macht zu, sondern er gebraucht die ohnehin wirkenden Kräfte auf destruktive Weise:

> »denn alles was entsteht,
> Ist wert daß es zugrunde geht;
> Drum besser wär's, daß nichts entstünde,
> So ist denn alles, was ihr Sünde,
> Zerstörung, kurz das Böse nennt,
> Mein eigentliches Element.«
> (Faust I, 65)

Im Gegensatz zur »heilsam schaffenden Gewalt«, dem Inbegriff des Positiven, ist der Teufel des »Chaos wunderlicher Sohn« (Faust I, 66). Und so rechnet sich Mephistopheles auch dem Bereich der Finsternis zu, die in einem Kampf mit dem Licht steht:

> »Ich bin ein Teil des Teils, der anfangs alles war,
> ein Teil der Finsternis, die sich das Licht gebar,
> das stolze Licht, das nun der Mutter Nacht
> den alten Rang, den Raum ihr streitig macht.«
> (Faust I, 65)

Die Zitate machen deutlich, dass die Figur des Teufels im *Faust* ganz verschiedene Traditionen und Sinngehalte des Bösen in sich vereint: das *malum physicum* als zerstörerisches Element (»Mit Wellen, Stürmen, Schütteln, Brand«; »Des Chaos wunderlicher Sohn« (Faust I, 65 f.), das *malum morale* als Verführer, »Egoist« und »Lügengeist« (Faust I, 66; 75; 81) und den Manichäismus als sinnlich erfahrbare Größe (»Der Herr der Ratten und der Mäuse, / Der Fliegen, Frösche, Wanzen, Läuse«; Faust I, 70). Mephistopheles erscheint damit als eine besonders vielschichtige Figur, die sich zwar nicht zum Helden, sehr wohl aber zum Gegenstand der ästhetischen Reflexion eignet, insofern sie die Bedingungen und Möglichkeiten der ästhetischen Darstellung des Bösen selbst reflektiert und in ihrem Tun durchspielt.

Auch für Friedrich Schiller (1759–1805) spielt das Phänomen des Bösen eine zentrale Rolle – nicht nur in seinem literarischen Werk, sondern auch in seiner Poetologie. In seinen Reflexionen zu einer Ästhetik des Bösen steht es im größeren Kontext einer Theorie individueller Freiheit. Fast als müsse er dies rechtfertigen, schreibt Schiller in der Vorrede zu den *Räubern*, die Gattung des Dramas erfordere es, »daß mancher Karakter auftreten mußte, der das feinere Gefühl der Tugend beleidigt, und die Zärtlichkeit unserer Sitten empört«. Und fährt, für sein Freiheitsprojekt geradezu programmatisch, fort: »Jeder Menschenmaler ist in diese Notwendigkeit gesezt, wenn er anders eine Kopie der wirklichen Welt, und keine idealische Affektationen, keine Kompendienmenschen will geliefert haben.« (NA III, 5)

Dem poetischen Gegenstück zu einem solchen »Kompendienmenschen«, der nur Ausdruck eines allgemeinen, jedoch nicht eines individuellen Charakters ist, der Figur des Karl Moor, legt Schiller deshalb Worte in den Mund, die geradezu eine Programmatik der Freiheit zum Bösen als gewollte Verletzung von Gesetzen darstellen: »Ich soll meinen Leib pressen in eine Schnürbrust, und meinen Willen schnüren in Geseze. Das Gesez hat zum Schneckengang verdorben, was Adlerflug geworden wäre. Das Gesez hat noch keinen grossen Mann gebildet, aber die Freyheit brütet Kolosse und Extremitäten aus.« (NA III, 21) Und auch die Figur des Christian Wolf aus der Erzählung *Der Verbrecher aus verlorener Ehre* bekennt rückblickend auf ihr bisheriges Leben: »Ich wollte Böses tun, soviel erinnere ich mich noch dunkel. Ich wollte mein Schicksal verdienen. Die Gesetze, meinte ich, wären Wohltaten für die Welt, also faßte ich den Vorsatz, sie zu verletzen; ehemals hatte ich aus Notwendigkeit und Leichtsinn gesündigt, jetzt tat ich's aus freier Wahl zu meinem Vergnügen.« (NA XVI, 14 f.) Es geht Schiller also ausdrücklich um die konkrete, ›dramatische‹ Wirklichkeit des Menschen und seiner individuellen Freiheit.

In seiner Schrift *Über den Grund des Vergnügens an tragischen Gegenständen* hat Schiller die ästhetische Faszination des Bösen, wie sie besonders die Tragödie bietet, im Rahmen einer poetologischen Betrachtung scharfsinnig analysiert:

»Die höchste Consequenz eines Bösewichts in Anordnung seiner Maschinen ergötzt uns offenbar, obgleich Anstalten und Zweck unserm moralischen Gefühl widerstreiten. Ein solcher Mensch ist fähig, unsre lebhafteste Theilnahme zu erwecken, und wir zittern vor dem Fehlschlag derselben Plane, deren Vereitlung wir, wenn es wirklich an dem wäre, daß wir alles auf die moralische Zweckmäßigkeit beziehen, aufs feurigste wünschen sollten.« (NA XX, 145)

Schiller bemerkt in diesem Zusammenhang, dass gerade ein nicht-privatives Böses, welches in der menschlichen Freiheit gründet, besondere ästhetische Kraft besitzt:

»Offenbar kündigen Laster, welche von Willensstärke zeugen, eine größere Anlage zur wahrhaften moralischen Freyheit an, als Tugenden, die eine Stütze von der Neigung entlehnen, weil es dem consequenten Bösewicht nur einen einzigen Sieg über sich selbst, eine einzige Umkehrung der Maximen kostet, um die ganze Consequenz und Willensfertigkeit, die er an das Böse verschwendete, dem Guten zuzuwenden. Woher sonst kann es kommen, daß wir den halbguten Karakter mit Widerwillen von uns stoßen, und dem ganz schlimmen oft mit schauernder Bewunderung folgen? Daher unstreitig, weil wir bey jenem auch die Möglichkeit des absolut freyen Wollens aufgeben, diesem hingegen es in jeder Aeußerung anmerken, daß er durch einen einzigen Willensakt sich zur ganzen Würde der Menschheit aufrichten kann.« (NA XX, 220f.)

Die freie Handlung wird damit für Schiller zum Paradigma der Autonomie der Kunst gegenüber den Forderungen der Moral: »Zweckmäßigkeit gewährt uns unter allen Umständen Vergnügen, sie beziehe sich entweder gar nicht auf das Sittliche, oder sie widerstreite demselben.« (NA XX, 220f.) Und er fährt fort:

»In ästhetischen Urtheilen sind wir also nicht für die Sittlichkeit an sich selbst, sondern bloß für die Freyheit interessiert, und jene kann nur insofern unsrer Einbildungskraft gefallen, als sie die letztere sichtbar macht. Es ist daher offenbare Verwirrung der Grenzen, wenn man moralische Zweckmäßigkeit in ästhetischen Dingen fodert, und um das Reich der Vernunft zu erweitern die Einbildungskraft aus ihrem rechtmäßigen Gebiete verdrängen will. Entweder wird man sie ganz unterjochen müssen, und dann ist es um alle ästhetische Wirkung geschehen, oder sie wird mit der Vernunft ihre Herrschaft theilen, und dann wird für Moralität wohl nicht viel gewonnen seyn. Indem man zwey verschiedene Zwecke verfolgt, wird man Gefahr laufen, beyde zu verfehlen. Man wird die Freyheit der Phantasie durch moralische Gesetzmäßigkeit fesseln, und die Nothwendigkeit der Vernunft durch die Willkühr der Einbildungskraft zerstören.« (NA XX, 221)

Allerdings verfolgt Schillers Analyse der Ästhetik des Bösen eine aufklärerische Absicht, was ihn zu der Hoffnung verleitet, das ästhetisch Böse könne am Ende, in der Art einer Katharsis, vielleicht doch für das moralisch Gute von Nutzen sein. Denn er bemerkt: »Nicht selten aber gewinnt eine geistreiche Bosheit vorzüglich deswegen unsre Gunst, weil sie ein Mittel ist, uns den Genuß der moralischen Zweckmäßigkeit zu verschaffen.« (NA XX, 146) Eine solche literarische Indienstnahme des Bösen zu moralischen Zwecken sollte vor allem im 19. und 20. Jahrhundert immer mehr der ästhetischen Autonomie des Bösen weichen.

Die Tendenz, dem Bösen immer mehr literarische Eigenständigkeit zu geben, zeigt sich indes nicht nur an der Bedeutung der Figur des Teufels und des Bösewichts, sondern auch mit Blick auf die literarischen Gattungen selbst. Die *Gothic Novel* bzw. der Schauerroman ist eine solche literarische Form, die im angelsächsischen Raum vor allem zu Beginn des 19. Jahrhunderts beliebt war. Mit *Das Schloss von Otranto* schrieb Horace Walpole (1717–1797) das erste Werk dieser Gattung, welches in der zweiten Auflage den Untertitel »A Gothic Story« erhielt. Die literarisch inszenierte gotische Architektur bildet dabei in Abgrenzung von klassizistischen und rationalistischen Bauformen einen Rahmen, der das Verspielte sowie das Dunkle und Irrationale, ein imaginäres Mittelalter, symbolisiert. In der schwarzen Romantik – etwa in E.T.A. Hoffmanns *Die Elixiere des Teufels* – erlebt die *Gothic Novel* auch in Deutschland eine Fortführung.

Besonders im Werk von Edgar Allan Poe (1809–1849), das ebenfalls in der Tradition der *Gothic Novel* steht, findet sich eine intensive literarische Auseinandersetzung mit dem Phänomen des Bösen, das hier nicht mehr im Dienste der Moral steht, sondern volle ästhetische Autonomie besitzt. In Poes Kurzerzählung *The Imp of the Perverse* (dt. *Der Alb der Perversheit*) wird das Böse als ein »paradoxes Etwas« und als »Perversität« bezeichnet. Als solche entziehen sich die Phänomene unserem gewöhnlichen Verstand, denn ihr Grund besteht gerade darin, böse zu handeln, *weil* dieses Handeln böse ist:

»Bei der Erforschung der Neigungen und Triebe, der *prima mobilia* der Menschenseele, haben die Psychologen stets einen Hang übergangen, der, obwohl er sichtbar und deutlich als erstes, ursprüngliches, nur auf sich selbst zurückzuführendes Gefühl vorhanden ist, auch von den Moralisten, ihren Vorgängern, übersehen wurde. Wir alle haben ihn, durch die törichte Anmaßung unseres Verstandes unaufmerksam gemacht, nie beachtet, ja selbst der Möglichkeitsgedanke ist uns nie gekommen, weil wir das Bedürfnis nicht fühlten, die Tatsache jener Neigung, jenes Hanges festzustellen. [...] Eine Induktion a posteriori würde die Psychologen zu der Einsicht gebracht haben, daß sie als ein primitives Prinzip menschlichen Handelns ein paradoxes Etwas annehmen müßten, das wir in Ermangelung eines charakteristischeren Ausdruckes mit dem Bösen, Krankhaften, kurz – mit *Perversität* bezeichnen wollen. In meinem Sinne ist sie in der Tat ein *mobile* ohne Motiv, ein nicht motiviertes Motiv. Unter ihrem Einfluß handeln wir ohne verständlichen Zweck, oder, sollte man dies für einen Widerspruch im Ausdruck halten, wir handeln aus dem Grunde, weil wir nicht *handeln sollten* [...] Ich bin meines Lebens ebenso gewiß wie der Richtigkeit der Behauptung, daß das Böse, das Sündhafte oder Schädliche in irgendeiner Handlung oft die unwiderstehliche Macht ist, die uns zwingt, *allein* zwingt, dieselbe zu begehen. Und dieser zügellose Hang, das Böse um des Bösen willen zu tun, spottet jeder Analyse, jeder Auflösung in tiefer liegende Elemente. Er ist ein radikaler, primärer, elementarer Beweggrund.« (Werke III, 2 ff.)

Die Möglichkeit, das Böse um des Bösen willen zu tun, hatte noch Kant als unmöglich verworfen, da dies nur einem »teuflischen Wesen« möglich sei (RGV, 35 f.). Poe dagegen konstatiert, dieses Motiv sei ein ganz allgemeiner »radikaler, primärer, elementarer Beweggrund«. Den Hang zum Bösen, den bereits Kant zugestanden und moralphilosophisch thematisiert hatte, analysiert er nun phänomenologisch eingehender, indem er ihn mit der Leidenschaft »eines Menschen, der am Rande eines Abgrundes schaudernd steht und sinnt, sich hineinzustürzen«, vergleicht:

»Wir stehen am Rande eines Abgrundes. Wir starren in den Schlund, es wird uns übel und schwindlig. Unsere erste Bewegung war, vor der Gefahr zurückzuweichen. Unerklärlicherweise bleiben wir. Allmählich verschmelzen unser Übelbefinden, unser Schwindel, unsere Angst in ein nebelhaftes, nicht zu benennendes Gefühl. Nach und nach und unbemerkbar nimmt der Nebel Gestalt an, wie sich aus dem Wölkchen aus jener bekannten Flasche in ›Tausendundeine Nacht‹ der Geist bildete. Aber aus unserer Wolke am Rande des Abgrundes bildet sich und wird immer greifbarer eine Gestalt, die hundertmal schreckhafter ist als irgendein Dämon oder Geist der Fabel; und doch ist es nur ein Gedanke, der das Mark in unseren Gebeinen gefrieren macht und mit wüsten Entzückungen schüttelt [...] Prüfen wir solche und ähnliche Handlungsweisen, so finden wir, daß sie einzig und allein dem Geiste der Perversität entstammen. Wir begehen dieselben nur, weil wir fühlen, daß wir sie nicht begehen sollten. Darüber hinaus oder dahinter fehlt jeder Beweggrund.«

Die von Poe beschriebenen Phänomene des Schwindels und der Angst verweisen im Grunde auf die menschliche Freiheit, sich zum Bösen entscheiden zu können. Die Möglichkeit einer teuflischen Natur wird, auch wenn sie anthropologisch und philosophisch widersprüchlich erscheint, in Poes Dichtung zur poetischen Realität. Von dieser poetischen Realität des Bösen um des Bösen willen handelt seine im Jahr 1843 erschienene Kurzgeschichte *The Black Cat.* Darin beschreibt Poe, wie der anfangs als treusorgender und tierlieber Ehemann dargestellte, aber bald durch Trunksucht zunehmend geschwächte Protagonist einen »Geist der Perversität« (*spirit of perverseness*) in sich verspürt, der ihn dazu verleitet, böse um des Bösen willen zu handeln. Grundlos sticht er seiner Katze zunächst ein Auge aus und erhängt sie dann qualvoll, obwohl er dabei grausame Gewissensbisse leidet. Dieser Geist der Perversität, sinniert der Protagonist, sei von der Philosophie nicht beachtet worden. Die Perversität aber sei ein ursprüngliches Grundvermögen, das den Charakter des Menschen bestimme. Eine böse Vernunft ist nur poetisch imaginierbar.

Auch im Werk und in der Poetologie des französischen Schriftstellers Charles Baudelaire (1821–1867) spielt das Phänomen des Bösen eine prominente Rolle. In seinem Gedichtband *Les Fleurs du Mal* (»Die Blumen des Bösen«) aus dem Jahr 1857 nimmt sich der Autor insbesondere solche Themen vor, die in der bürgerlichen Gesellschaft seiner Zeit verpönt waren. Baudelaire wurde wegen Gotteslästerung und Beleidigung der öffentlichen Moral angeklagt, und einige seiner Gedichte landeten auf dem Index. Die Provokation seiner Gedichte besteht darin, dass sie das Ekelhafte, Abgründige und Böse ungeschminkt in aller Ausführlichkeit in eine eigene ästhetische Form bringen. Dabei wird die bloße Ästhetik des Hässlichen noch durch die Intensität und Suggestion der Abgründigkeit überboten, mit der die Gedichte von der »Schönheit im Bösen« handeln, wie Baudelaire im Vorwort schreibt.

Gleich im Eingangsgedicht, welches »An den Leser« (*Au Lecteur*) gerichtet ist und poetologische Auskünfte über das Anliegen seiner Lyrik gibt, stellt Baudelaire die Haltung der Langeweile (*l'Ennui*) als Anlass seiner Gedichte heraus. Diese lässt sich als ein Phänomen der *Dekadenz* verstehen, wie sie sich nach dem Empfinden des Dichters in den Großstädten des 19. Jahrhunderts zunehmend verbreitet: »Dummheit, Irrtum, Sünde, Geiz hausen in unserem Geiste«, »wir füttern unsere liebenswürdigen Gewissensbisse, / wie die Bettler ihr Ungeziefer nähren«, und unsere »Reue« ist »schlaff«, wir wandern auf einem »Schlamm-

Pfad«, während der Satan »auf dem Pfühl des Bösen / lange unsern Geist wiegt« (FDM, 9). Die bereits im Eingangsgedicht entworfene Stimmung ist die einer Verzauberung, während der Teufel das willenlose Subjekt kontrolliert und in den Hirnen »ein Volk von Dämonen« schwelgt, so dass »Widriges« gerade als »verlockend« erscheinen kann. Moralisch verwerfliche Handlungen und Gegenstände wie Notzucht, Gift, Dolche und Brand erscheinen in dieser verzauberten und ›perversen‹ Stimmung denn auch als »hübsche Muster«, womit die Ästhetik des Bösen sich poetologisch und programmatisch als *böser Text* zu erkennen gibt (FDM, 9).

Vor allem im 20. Jahrhundert ist eine Reihe von Skandalbüchern erschienen, die explizit und ungeschminkt böse Handlungen in aller literarischen Breite thematisieren. Auffällig ist daran, dass das Böse nun besonders in enger Verflechtung mit pornografischen Darstellungen und einer detailliert beschriebenen Gewalt zum literarischen Gegenstand wird. Die Inhalte schlagen sich dabei auch in der Form nieder, insofern das sprachliche Material zum Gegenstand einer gewaltähnlichen Verwendung wird. Henry Millers (1891–1980) Buch *Opus Pistorum*, dessen Geschichte wie Baudelaires Gedichte in Paris angesiedelt ist, schildert eindrücklich die verschiedenen pornografischen Exzesse und bewussten Tabubrüche von extremer Sodomie, denen sich der Protagonist hingibt. Kompositorisch handelt es sich bei diesem Werk um eine serielle und mechanische Abfolge von pornografischen Sequenzen, die keinen größeren Handlungsbogen erkennen lässt, sondern ganz in dieser Mechanik aufgeht. Gekennzeichnet ist die Darstellung von einer vulgären Sprache, die in schamloser Direktheit sexuelle Praktiken und Körperdetails benennt und damit den moralischen Anstand der Zeit aufs Extremste zu provozieren vermochte. Das Buch wurde 1983 postum veröffentlicht, in Deutschland im Jahr 1988 zunächst von der Bundesprüfstelle für jugendgefährdende Medien indiziert und in die Liste der jugendgefährdenden Schriften aufgenommen. Wenige Jahre danach gab man es aber wieder frei, nachdem der Bundesgerichtshof in seinem Urteil vom 21. Juni 1990 festgestellt hatte, dass Pornografie und Kunst sich keineswegs ausschlössen.[5]

Nur wenige Jahre nach Erscheinen von *Opus Pistorum* erschien 1991 der Roman *American Psycho* des amerikanischen Schriftstellers Bret Easton Ellis (*1964), welcher die Gewaltexzesse eines jungen Wallstreet-Bankers im New York der 1980er Jahre beschreibt. Der Protagonist Patrick Bateman leidet – ähnlich wie das lyrische Großstadt-Ich in Baudelaires *Blumen des Bösen* – unter Langweile und Überdruss, denen er durch ein von rauschhaftem Drogenkonsum, extremer Sexualität und Mord bestimmten Doppelleben zu entkommen sucht. Die Grenze von Realität und Wahn wird dabei bewusst zum Verschwinden gebracht, wobei sich die psychopathisch-narzisstische Veranlagung des Helden in extremster materieller Oberflächlichkeit manifestiert. Auch dieses Buch wurde in Deutschland zunächst indiziert, dann aber durch die Entscheidung eines Oberverwaltungsgerichts im Jahr 2001 wieder zum Verkauf freigegeben. Indem es solchermaßen zum Gegenstand gerichtlicher Auseinandersetzung wird, greift das Böse in der Literatur über das Fiktionale hinaus und entwickelt eine performative Kraft, so dass Texte schließlich selbst als etwas Böses rezipiert werden können. Hierbei wird von den Gerichten immer wieder auf den schmalen Grat zwischen der Kunstautonomie und der Übertretung von Gesetz und Moral hingewiesen. Ethik und Ästhetik befinden sich dabei in einem beweglichen Kräftefeld, welches immer wieder aufs Neue bestimmt werden muss. Produktiv ist dieses Wechselverhältnis insofern, als es die Möglichkeiten und Grenzen der menschlichen Freiheit reflexiv immer wieder neu zur Diskussion stellt.

4.3 Böse Bilder

Wie verändert sich die Darstellung des Bösen im Medium des statischen und des bewegten Bildes im Vergleich zur Literatur, und inwiefern bringen diese Medien neue Aspekte des Bösen zur Darstellung? Ganz allgemein lässt sich feststellen, dass das Medium vor allem des bewegten Bildes im Gegensatz zum Text über eine größere Unmittelbarkeit verfügt und nicht mehr durch Imaginationen des Bösen dekodiert werden muss, sondern den Rezipienten direkt erreicht. Besonders die Darstellung des Bösen im Horrorfilm basiert auf dem Wechselverhältnis der Effekte von Imagination und Darstellung unter Einbeziehung des Zuschauers. Das auf diese Weise hergestellte Grauen wird durch Personifikationen oder Instanzen des Bösen erzeugt, welche Gegenstand des Films sind und deren Wirksamkeit auf verschiedene Weisen, die vom Zuschauer zumeist nicht antizipiert werden können und sich vielmehr überraschend ereignen, basiert. Angesichts dieser Wirkweisen der Ästhetik des Bösen im Film besteht hier ein Unterschied zur aristotelischen Poetik insofern, als im Zuschauer nun ganz bewusst keine Reinigung (*kátharsis*) stattfindet, sondern diese Reinigung durch die Provokation und Unmittelbarkeit der Bilder in eine Faszination durch das Böse transformiert wird. Das Böse wird im Horrorfilm insofern autonom, als es nicht mehr im Dienst einer pädagogischen oder moralischen Aufgabe steht.

Von besonderer Bedeutung ist hierbei das Genre jener Horrorfilme, bei denen der Betrachter eine Lust am Grauen verspürt, die in der spannungsgeladenen Abwechslung von neugieriger Anziehung und entsetzter Abstoßung besteht. Damit aber ist rezeptionsästhetisch gerade keine Reinigung von Affekten mehr intendiert, sondern der Hang zum Bösen auf Seiten des Filmkonsumenten wird selbst thematisch. Positiv gewendet, kann die eingestandene Faszination am Bösen oder Grauenvollen dazu beitragen, dass sich der Betrachter seiner eigenen Freiheit zum Bösen bewusst wird. Im Medium des Horrorfilms findet bezüglich der Rezeptionsästhetik also eine Modifikation des von Aristoteles für die Tragödie beschriebenen Wirkmechanismus statt, der bekanntlich im Zuschauer Schaudern (gr. *phóbos*) und Mitleid (*éleos*) hervorrufen und dadurch zur Reinigung (*kátharsis*) der Affekte beitragen soll.[6] Der rezeptionsästhetische Effekt wird im Horrorfilm nun derart radikalisiert, dass der emotionale Effekt der Angst ins Zentrum rückt und das Moment der Reinigung dahinter zurücktritt. Mehr noch: Das Genre Horrorfilm lebt von der immer wieder aufs Neue geweckten Faszination des Bösen, welches in Verbrechern, ›Psychopathen‹ und Monstern sowie den Effekten des Bösen an seinen Opfern Gestalt annimmt:

> »Horror ist eine Gattung der Phantastik, in deren Fiktionen das Unmögliche in einer Welt möglich und real wird, die der unseren weitgehend gleicht, und wo Menschen, die uns ebenfalls gleichen, auf diese Anzeichen der Brüchigkeit ihrer Welt mit Grauen reagieren.« (Baumann 1993: 109)

Das Genre Horrorfilm lässt sich an den Formen, Effekten und dem Personal des Bösen weiter differenzieren (Cherry 2009: 5 f.). Bei letzterem handelt es sich einerseits um klassische Figuren aus Romanen oder Erzählungen wie Frankenstein und Dracula, die partiell menschliche Züge tragen. Zum anderen nimmt es die Gestalt supranaturaler Figuren wie Geistern, Hexen und Teufeln an oder wird von unberechenbaren und intelligenten Serienkillern verkörpert. Daneben existieren Formen, die den Schwerpunkt vom Täter auf das Opfer und seine Leiden verlagern, wie etwa in Splatter-Filmen, die extreme Formen von Verletzung zeigen, oder in sogenannten Exploitationfilmen, die von der Lust an grausamen Situationen wie systematischer Folter leben.

Unter dem Personal der neueren Horrorfilme bzw. Thriller sticht besonders die Figur des kannibalischen Serienmörders Hannibal Lecter hervor, der im Jahr 2004 vom American Film Institute zum »bösesten Schurken der Filmgeschichte« gewählt wurde und dessen Darsteller Anthony Hopkins für seine schauspielerische Leistung im Jahr 1992 einen Oscar erhielt. Basierend auf einer Romanserie von Thomas Harris beschreibt der Film das Leben und die Entwicklung Lecters, wobei insbesondere dessen grausame Morde dargestellt werden. Die Geschichte setzt mit der Kindheit des Protagonisten ein und folgt seiner Wandlung zu einem gefürchteten und grausamen Serienmörder. Die Besonderheit der Person Lecters besteht darin, dass er selbst als forensischer Psychiater tätig ist, ja sich selbst mit Serienmördern befasst und durch seine Bildung sowie seinen Sinn für Ästhetik großes gesellschaftliches Ansehen genießt. Seine Gäste bewirtet Lecter mit Organen, die er seinen Opfern entnommen hat und die er nach aufwendigen Rezepten zubereitet. Begleitet wird seine kannibalische Vorliebe von Bachs Goldbergvariationen, die als Inbegriff kompositorischer Harmonie und Rationalität gelten dürfen. Über das Böse, dessen rein privativen Charakter als *malum physicum* er infrage stellt, reflektiert Lecter wie folgt: »Evil's just destructive? Then *storms* are evil, if it's that simple.« Darüber hinaus lehnt Lecter eine psychologische Interpretation des Bösen ab, welche dieses auf mit den Mitteln der Wissenschaft erklärbare Umweltfaktoren zurückführen und somit objektivieren möchte. Als die FBI-Agentin Clarice Starling Lecter mit seinen Taten konfrontiert und die Ursachen für sein Handeln anhand eines Fragebogens ermitteln möchte, entgegnet ihr dieser:

»Oh Officer Starling, do you think you can dissect me with this blunt little tool? [...] Nothing happened to me, Officer Starling. I happened. You can't reduce me to a set of influences. You've given up good and evil for behaviorism, Officer Starling. You've got everybody in moral dignity pants – nothing is ever anybody's fault. Look at me, Officer Starling. Can you stand to say I'm evil? [...] You'd like to quantify me, Officer Starling [...] A census taker tried to quantify me once. I ate his liver with some fava beans and a big Aramone. Go back to school, little Starling.«[7]

Lecter weigert sich, sich als böses Objekt analysieren zu lassen, sondern behauptet dagegen seine Freiheit und Subjektivität. Mehr noch: Er scheint das Böse als eine Form von Kultur oder hochgradig ästhetischen Lebensstil zu verstehen, der sich einem rein psychologischen Zugriff gerade entzieht. Darüber hinaus wird die Entwicklung Lecters zum Kannibalen beschrieben, indem seine traumatische Kindheit und Familiengeschichte thematisiert werden. Lecters Persönlichkeit erhält so eine eigene Geschichte, ein Woher, so dass der Betrachter in der Bewertung des Protagonisten zwischen Verständnis und Abstoßung schwankt, was wiederum mit der Faszination durch das Böse korreliert.

Eine neuere Entwicklung, das Phänomen des Bösen filmisch darzustellen, findet sich in der Fernsehserie *Breaking Bad* (dt. etwa: »Auf die schiefe Bahn geraten«[8]), welche in den USA in den Jahren 2008 bis 2013 ausgestrahlt wurde. Die Serie, deren Titel programmatisch ist, verfolgt mittels dramatischer Motive und Krimielemente auf psychologisch eindringliche Weise die Entwicklung des hochintelligenten Chemielehrers Walter White zu einem kriminellen Drogenhändler und Mörder. Nachdem bei ihm eine unheilbare Krebserkrankung diagnostiziert worden ist, entschließt er sich dazu, in einem Labor Drogen zu produzieren, um durch das auf diese Weise erworbene Geld die finanzielle Zukunft seiner Familie zu sichern. Von Staffel zu Staffel wandelt sich der Protagonist nun vom liebevollen Familienvater zum rücksichtslosen Drogenkriminellen. Dabei werden dem Zuschauer die Motive dieses Wandels offengelegt: White will die Verfügungsmacht über sein Schicksal und über sein Leben haben.

So zeigt sich an der Figur, wie Intelligenz und Böses sich nicht ausschließen, sondern einander vielmehr verstärken können, indem der Protagonist sich die Realität auf seine Weise zurechtlegt, also ›vernünftelt‹. Zugleich erweist sich, dass das Böse aus Gedanken und Maximen entsteht, die zunächst nicht die extremen Folgen von Gewalt erahnen lassen, sondern diese erst nach und nach ins Spiel bringen und eskalieren lassen. In letzter Hinsicht kann das Böse auf Whites freie Entscheidung und Wahl zurückgeführt werden. Besonders deutlich wird dieser Freiheitsgrund des Bösen in einem Dialog der fünften Episode (»Gray Matter«) der ersten Staffel, den der Protagonist mit seiner Frau Skyler führt:

»Walter: What I want, what I need, is a choice
Skyler: What does that ... mean?

Walter: Sometimes I feel like I never actually make any of my own. Choices, I mean. My entire life, it just seems I never ... you know, had a real say about any of it. Now this last one, cancer ... all I have left is how I choose to approach this.«

Dieses existenzielle Freiheits- und Wahlmotiv teilt die Serie mit Fjodor Dostojewskis (1821–1881) Roman *Schuld und Sühne*. Dessen Hauptfigur, der mittellose Student Rodion Raskolnikow, beschließt aus scheinbar moralischen Gründen, eine reiche Pfandleiherin zu ermorden – er möchte seine Mutter und Schwester finanziell unterstützen. Dabei erweist sich das hohe Reflexionsvermögen Raskolnikows gerade als entscheidender Faktor für die Ermordung der Pfandleiherin, insofern diese Tat nicht aus einem spontanen Affekt geschieht, sondern über längere Zeit gewissenhaft geplant und immer wieder durch moralische und philosophische Überlegungen gestützt und motiviert wird. Dieses Phänomen, gerade aus *scheinbar* moralischen Gründen das

Leben eines anderen Menschen als Mittel zum Zweck zu gebrauchen, bezeichnet Kant als »Vernünfteln«: seinem Handeln aus Gründen einen Schein von Moralität zu verleihen, obwohl dieses im Grunde unmoralisch ist.

In jüngster Zeit hat insbesondere das Medium Computerspiel neue Perspektiven für eine Ästhetik des Bösen hervorgebracht. Zu nennen sind hier unter anderem Spiele, die aus der Erste-Person-Perspektive Gewalt realisieren. Durch ständig verbesserte Grafik werden dabei immer realistischere Bilder erzeugt, so dass diese Spiele im Hinblick auf eine Indizierung wegen Gewaltverherrlichung häufig überprüft werden. First-Person- bzw. Ego-Shooter wie »Doom« oder »Quake« simulieren realitätsnah ein dreidimensionales Sichtfeld, welches den Einsatz verschiedener Waffen ermöglicht und es so dem Spieler überlässt, ob und wie er seine Gegner tötet. Je fortschrittlicher die Technik der Darstellung, umso größer die Ähnlichkeit und Verwechslungsgefahr mit der Realität. Durch die Entwicklung einer virtuellen Realität und die damit einhergehende Verstärkung des Phänomens der Immersion – also des Eintauchens der Spieler in ihre simulierte Um- und Unterwelt bzw. die Interaktion mit der virtuellen Umgebung – werden die Grenzen zwischen digitaler Welt und Realität weiter zum Verschwinden gebracht.

Eine Besonderheit bei der digitalen Darstellung des Bösen im Computerspiel stellt das Strategiespiel *Dungeon Keeper* (dt. »Kerkermeister«) dar, welches den Spieler durch gezielte Parodie von Gut-Böse-Klischees die Rolle des Bösen einnehmen lässt. Das Motto des von zahlreichen Formen des dunklen Humors geprägten Spiels lautet »It's good to be bad«. Ziel des Spiels ist es, die Rolle eines bösen Kerkermeisters zu übernehmen und aus der Vogelperspektive in einer Unterwelt unterschiedliche Arten von Monstern anzusiedeln, diese in verschiedenen Verließen heranzuzüchten, sie weiter auszubilden und mit ihrer Hilfe schließlich stark überzeichnete Heldenfiguren in Rittergestalt zu besiegen. Die Anlage des Spiels erlaubt es, spielerisch mit den Kategorien »gut« und »böse« umzugehen und die Tendenzen, Klischees und Grenzen ihrer Anwendung kritisch zu hinterfragen.

Insgesamt zeigt sich hinsichtlich der Ästhetik des Bösen von Texten über (bewegte) Bilder hin zu interaktiven multimedialen Spielen und Simulationen eine Tendenz, die sich als Einbeziehung und Reaktivierung des Rezipienten beschreiben lässt. Immer mehr wirkt dieser bei der ästhetischen Darstellung und Hervorbringung des Bösen mit, bis er selbst in die Rolle des Bösen schlüpft. Auch hier handelt es sich freilich um einen schmalen Grat, der die Grenze zwischen Fiktion und Realität immer mehr verwischt. Durch das Medium des Computerspiels wird die Ästhetik des Bösen konsequent weiter radikalisiert: Es handelt sich hier nicht nur um die Imagination des Bösen wie in der Literatur oder die bildgewaltige Konfrontation wie im Falle des Films, sondern um die aktive Performation in der Imagination. Aber gerade darin, in dieser Realisierung des Ästhetischen, besteht auch eine Chance, die Kategorie des Bösen außermoralisch zu reflektieren und schematische und verfestigte Zuschreibungspraktiken und Stereotype auf ihre Angemessenheit hin zu prüfen.

4.4 Böse Töne

Können Töne böse sein? Oder ist es immer nur ein böser Zweck, für den Musik instrumentalisiert wird? Bilden musikalische (Miss-) Verhältnisse das Böse vielleicht nur ab? Begreift man Musik als ein System von Ordnung oder Harmonie, das bestimmten Regeln zu folgen hat, so liegt es nahe, das musikalisch Böse so zu verstehen, dass darin die regelhafte Ordnung bewusst zerstört oder pervertiert wird. Dass die Musik ein Medium des Bösen *par excellence* sein könnte, zeigt auch die Tatsache, dass sie ihren Ausdruck unmittelbar emotional und nicht durch semantische Vermittlung findet. Besonders die nichtbegriffliche Struktur der Musik ähnelt dabei dem Phänomen des Bösen, welches sich ebenfalls dem Begriff entzieht und gerade dadurch große Wirkung erzielt. Darüber hinaus erzeugt die Musik zahlreiche synästhetische Assoziationen, die auf elementaren Stimmungen basieren. Diese Unmittelbarkeit der Harmonie und ihre Umsetzung in Emotion lässt ein geschultes Gehör noch so geringe Abweichungen von der ›normalen‹ tonalen Ordnung registrieren und semantisch-normativ interpretieren. Jeder musikalische Fortschritt – etwa durch die Einführung der Zwölftontechnik oder der seriellen Musik – musste deswegen in der Musikgeschichte als ein unerhörter Bruch der Tradition, mehr noch: als Angriff auf die *sittliche* Ordnung verstanden werden.

In der Musikwissenschaft gilt traditionell der Tritonus-Akkord als musikalische Form der Darstellung des Bösen. Als übermäßige Quarte konfligiert dieses Intervall mit traditionellen Harmonien. Der Tritonus sperrt sich der gewöhnlichen, diatonen Harmonik. Er wird darin als ein Fremdkörper wahrgenommen, weswegen dieses Intervall häufig gemieden wurde, und besitzt die Tendenz, sich zu einer Quarte oder Quinte auflösen zu wollen. Beim Tritonus handelt es sich aber nicht einfach nur um einen Missklang oder gar um einen musikalischen Fehler, sondern um eine bewusste Störung der Ordnung, die in sich danach drängt, ordnungsgemäß aufgelöst zu werden und insofern eine innere Aktivität und Dynamik besitzt. Deswegen entspricht seine Form weniger einer defizitären Privation als einer reflektierten Perversion.

In der Musikgeschichte ist der Tritonus auch als »Teufel der Musik« (lat. *diabolus musica*) oder Teufelsintervall bezeichnet worden. Anwendung fand er häufig in der symbolischen Darstellung von Leid und Unheil. Besonders deutlich wird dies im geistlichen Werk Johann Sebastian Bachs (1685–1750). Der Schlusschoral seiner Kantate BWV 60 *O Ewigkeit, du Donnerwort* errichtet auf den drei Wörtern »Es ist genug« mit drei tonalen Intervallen einen Tritonus und unterstreicht damit performativ den semantischen Gehalt der ersten drei Strophen, welche Anspielungen auf das christliche Sündenverständnis enthalten:

»Es ist genug!
So nimm, Herr, meinen Geist
zu Zions Geistern hin;
lös auf das Band, das allgemählich reißt;
befreie diesen Sinn,
der sich nach seinem Gotte sehnet,
der täglich klagt und nächtlich thränet:
Es ist genug!

Es ist genug
des Jammers, der mich drückt!
Des Adams Apfelgier, das Sündengift,
hat kaum mich nicht erstickt;
nichts Gutes wohnt in mir.
Was kläglich mich von Gotte trennet,
was täglich mich beflecket nennet,
des ist genug.

Es ist genug
des Kreuzes, das mir fast
den Rücken wund gemacht;
wie schwer, o Gott, wie hart ist diese Last!
Ich schwemme manche Nacht
mein hartes Lager durch mit Thränen.
Wie lang, wie lange muß ich sehnen?
Wann ists genug?«

Am Beispiel dieser drei Strophen wird deutlich, dass der Tritonus sowohl zur Bezeichnung des physischen Übels als auch der Sünde verwendet werden konnte. Im 20. Jahrhundert bezog sich der österreichische Komponist Alban Berg (1885–1935) auf diese Bedeutung. Im zweiten Satz seines anlässlich des Todes von Manon Gropius, der Tochter Alma Mahler-Werfels, entstandenen Violinkonzerts »Dem Andenken eines Engels« kehrt dieses Bach-Motiv in Form eines Requiems und Totengedenkens an die Verstorbene wieder.

Auch Musikinstrumente können für das Böse stehen. Besonders gilt dies für die Orgel als Inbegriff des dunklen Mittelalters und seiner gotischen Bauweise, womit ein Bezug zur *Gothic Novel* gegeben ist. Auch lässt sich die mit musikalischer Ernsthaftigkeit und Strenge konnotierte Orgelmusik ganz ähnlich wie der gregorianische Gesang im Sinne einer schwarzen Ästhetik instrumentalisieren, indem der voluminöse Orgelklang synästhetische Assoziationen etwa an unheimliche dunkle Gewölbe und verlassene Friedhöfe erlaubt. Besonders Johann Sebastian Bachs Toccata und Fuge D-Moll wird wegen ihrer dramatischen Eingangsakkorde häufig für entsprechende Filmszenen verwendet, was vornehmlich auf Schauer- und Gänsehaut-Effekte abzielt.

Neben der mit Unheimlichkeit konnotierten Orgelmusik ist es vor allem die Heavy-Metal-Musik, die zu Assoziationen des Bösen Anlass gibt, insofern u.a. ihre besondere Lautstärke Aggressivität ausdrückt. Die deutsche Rockband »Rammstein« etwa zeichnet sich durch den brachialen Einsatz von Heavy-Metal-Elementen wie Schlagzeug und E-Gitarre sowie aufwendiger Pyrotechnik aus und suggeriert damit Wildheit, Gefährlichkeit und Unberechenbarkeit. Auch die Rockband Marilyn Manson spielt bewusst mit der Assoziation des Bösen, indem sie sich zahlreicher Gothic-Elemente und eines dunklen Stils bedient. Der Bandname setzt sich zusammen aus den Namen »Marilyn

Monroe« und »Charles Manson«, einem US-amerikanischen Serienmörder. In seiner Autobiografie *The Long Hard Road Out of Hell*, hat der Frontmann der Band, Marilyn Manson alias Brian Hugh Warner, die Motivation der Band folgendermaßen beschrieben:

»I remember reading *Paradise Lost* in high school and being struck by the fact that after Satan and his angel companions rebelled against heaven, God reacted to the outrage by creating man so that He could have a less powerful creature companion in his image. In other words, in John Milton's opinion at least, man's existence is not just a result of God's benevolence but also of Satan's evil. As a bipedal animal, man by nature (whether you call it instinct or original sin) gravitates toward his evil side, which may be one of the reasons people always ask me about the darker half of my name but never about Marilyn Monroe. Although she remains a symbol of beauty and glamor, Marilyn Monroe had a dark side just as Charles Manson has a good, intelligent side. The balance between good and evil, and the choices we make between them, are probably the single most important aspects shaping our personalities and humanity.« (Manson 1998: 85 f.)

Auch die Künstlernamen von anderen Mitgliedern der Band setzen sich jeweils aus dem Namen einer berühmten Medienpersönlichkeit und dem Namen eines bekannten Serienmörders zusammen. Durch diese Wahl wird semantisch eine philosophische Aussage in die Musik importiert: Gut und Böse sind gleichermaßen mögliche Freiheitsvollzüge des Menschen.

4.5 Böse Lebensformen

Die Tendenz einer ästhetischen ›Pragmatisierung‹ des Bösen findet dort ihren radikalsten Ausdruck, wo das Zufügen von Leid – sei es anderen, sei es der eigenen Person – nicht zeitlich begrenzte Situationen und Umstände betrifft, sondern eine eigene

Existenz- und Lebensform begründet. In der Geschichte der Literatur sind dies vor allem die Lebensformen von Sadismus und Masochismus, wobei Letztere ein Spezialfall der Ersteren ist. Was Kant gerade bestritten hatte, dass es nämlich so etwas wie eine »boshafte Vernunft« geben könne, bejaht Donatien Alphonse François de Sade (1740–1814) in seinen Werken. Diese These markiert den Gipfelpunkt einer Entwicklung in Richtung von perversiven, explizit nicht-privativen Begriffen des Bösen, indem das Böse bei de Sade nicht nur um des Bösen willen getan wird, sondern dieses Tun eine ganze Lebensform bezeichnet. Sein literarisches Hauptwerk, *Die 120 Tage von Sodom*, entstand im Jahre 1785, also im selben Jahr, in dem auch Kants *Grundlegung zur Metaphysik der Sitten* erschien. Die *120 Tage* lassen sich als ein konsequentes System einer solchen bösen Vernunft, ja gewissermaßen – und komplementär zu Kant – als eine argumentativ verfahrende ›Kritik der bösen Vernunft‹ verstehen. De Sade versucht in seinen Werken, das Böse auf maximal rationale Weise auszubuchstabieren und argumentiert dafür, dass selbst die größten menschlichen Perversionen nicht aus Mangel an Vernunft, sondern aus klarstem Verstand heraus begangen werden können. Diese böse Vernunft äußert sich in einer bösen Lebensform, der das Böse selbst zur Natur geworden ist.

Wie ist ein solches perverses Vernunftsystem aufgebaut? Weiteren Aufschluss darüber gibt de Sades Roman *Justine oder die Leiden der Tugend* (1797). Zentral ist für de Sade der Begriff der Natur, die, wie er es nennt, »natürliche Ordnung der Dinge«. Diese ist die ursprüngliche und einzige Quelle der Normativität: »Der Nutzen ist die Richtschnur des Rechtes. [...] Nichts auf der Welt verletzt die Natur.« (Justine, 387) Der Natur eignet »ein sicheres, ewiges Gesetz«: »Der Egoismus ist das heiligste Gesetz der Natur« (Justine, 205), man könne den Egoismus in Anspielung auf Kant auch als den ›kategorischen Imperativ der Natur‹

bezeichnen. Zugleich aber ist der Egoismus, wie de Sade betont, »das oberste Gesetz der Vernunft« (Justine, 352). Natur und Vernunft stehen sich folglich bei de Sade anders als bei Kant nicht mehr als Sein und Sollen, als Deskriptivität und Normativität gegenüber. Vielmehr ist nach de Sade der ganz und gar seiner Natur folgende Mensch zugleich durch und durch rational, ebenso wie der durch und durch rationale Mensch zugleich ganz natürlich ist.

De Sades von Kants Bestimmung grundsätzlich verschiedene Auffassung des Verhältnisses von Natur und Vernunft hat Folgen für seinen Freiheitsbegriff. Während bei Kant die Erfüllung des Vernunftgesetzes die Beherrschung der Natur voraussetzt, befinden sich nach de Sade beide im Einklang. Anders als für Kant besteht de Sade zufolge deshalb auch die menschliche Freiheit nicht in Opposition zur Naturgesetzlichkeit, sondern in der Einheit mit der Natur, in der strikten Befolgung ihres egoistischen kategorischen Imperativs. Ein Akteur handelt demnach umso freier und naturgemäßer, je unmittelbarer und entschiedener er seinen egoistischen Willen durchsetzen kann. Die egoistische Handlungsfreiheit wird nur dadurch eingeschränkt, dass ihr Hindernisse in den Weg gelegt werden. Maximale Handlungsfreiheit besteht demnach im Wegräumen solcher Hindernisse, etwa der Beseitigung von durch die Gesellschaft künstlich erlassenen Gesetzen. Deshalb besteht auch die Erfüllung des Egoismus nicht primär darin, alle sinnlichen Bedürfnisse zu befriedigen: »Nicht im Genuß besteht das Glück, sondern in der Begierde, im Zerbrechen der Schranken, die man diesen Begierden entgegensetzt.« Für de Sade folgt daraus: »Je entgegengesetzter eine Tat dem Gesetz oder der Sitte ist, je mehr Schranken sie durchbricht, desto mehr entspricht sie der Natur. [...] Das Verbrechen allein ist tätig und setzt in Bewegung, die Tugend aber ist lässig und kann nie zum Glücke führen.« (Justine, 240) De Sade wird damit lange vor Nietzsche zu einem ›Umwerter aller Werte‹: »die absurde Lehre, man möge anderen nichts tun, wovon man nicht wolle, daß es uns geschehe«, sei nichts anderes als ein »lächerliches Gesetz, eine Frucht der Schwäche und Energielosigkeit«, die »nie aus dem Herzen eines tatkräftigen Menschen entspringen« konnte (Justine, 310 f.).

Eng verflochten mit de Sades Begriff einer Vernunft des Bösen ist seine Theorie einer Ästhetik des Bösen. Denn der maximal egoistisch handelnde Mensch wird sich mit der Zeit an seine Verbrechen und die damit verbundene Lust gewöhnen. Es bedarf daher eines irritierenden Moments, welches ständig neue Reize setzt. Das Verbrechen muss folglich jeweils immer noch schrecklicher sein, damit man weiter Vergnügen daraus beziehen kann. Aus der Analyse der bösen Vernunft ergibt sich so die Notwendigkeit einer sukzessiven Eskalation des Bösen, um dem drohenden Effekt der Gewöhnung zu entgehen. Am Ende dieses Exzesses steht der ins Absurde übersteigerte Wunsch, man könne »die Sonne angreifen, sie dem Weltall rauben [...], um die Welt in Brand zu stecken« (Justine, 569). Das Böse ist nach de Sade in seinem stetigen Steigerungsbedürfnis unersättlich; anders als im Guten kann im Bösen kein stabiler Zustand erreicht werden, so dass es sich schließlich selbst zerstören muss, indem es sich seine eigene Grundlage entzieht.

Bei der Lektüre von de Sades Werken drängt sich jedoch der Verdacht auf, dass der Autor den Leser durch seine geradezu sophistisch anmutende Argumentation bewusst irritieren möchte. Dafür spricht, dass de Sade seine Theorie nicht selbst formuliert, sondern sie durchaus dubiosen Charakteren in den Mund legt, zu denen er sich in einer gewissen, teilweise ironisch markierten Distanz befindet. Zu welchem Zweck de Sades Irritation der reinen moralischen Vernunft dienen soll, bleibt offen. Am ehesten scheint er als ein *Kritiker* der Moral verstanden werden zu wollen: Ähnlich wie Nietzsche versucht er der gemeinen Moral ihre Fundamente zu entziehen und stattdessen ein neues, höchst provokantes Gebilde zu errichten. Sollte uns dieses System nicht behagen – und davon scheint de Sade auszugehen –, so liegt es an uns, ihm mit guten Gründen ein besseres entgegenzusetzen.

Im Anschluss an de Sades »Sadismus« hat der österreichische Schriftsteller Leopold von Sacher-Masoch (1836–1895) in seinem Buch *Venus im Pelz* (1870) den Begriff des »Masochismus« geprägt, der nicht die Lust am Leid anderer, sondern am eigenen Leid sowie ein zwischengeschlechtliches Verhältnis zwischen Mann und Frau bezeichnet. Ausgangspunkt ist die Beobachtung, »wie nahe Wollust und Grausamkeit verwandt sind« (VP, 39), und speziell die folgende Feststellung:

> »[J]e hingebender das Weib sich zeigt, um so schneller wird der Mann nüchtern und herrisch werden; je grausamer und treuloser es aber ist, je mehr es ihn mißhandelt, je frevelhafter es mit ihm spielt, je weniger Erbarmen es zeigt, um so mehr wird es die Wollust des Mannes erregen, von ihm geliebt, angebetet werden.« (VP, 11)

Venus im Pelz handelt von der erotischen Beziehung zwischen Severin von Kusiemski und der reichen Witwe Wanda von Dunajew. Severins »Lieblingsphantasie« besteht darin, »Sklave eines Weibes, eines schönen Weibes zu sein, das ich liebe, das ich anbete! [...] das mich bindet und peitscht, das mir Fußtritte gibt, während es einem andern gehört« (VP, 47). Die Beziehung ist vertraglich so geregelt, dass jener unter dem Namen Gregor als Sklave der Frau dient und »unbedingt jeden ihrer Wünsche zu erfüllen, jedem ihrer Befehle zu gehorchen, seiner Herrin mit Unterwürfigkeit zu begegnen, jedes Zeichen ihrer Gunst als eine außerordentliche Gnade anzusehen« hat. Außerdem gilt: »Frau von Dunajew darf ihren Sklaven nicht allein bei dem geringsten

Versehen oder Vergehen nach Gutdünken strafen, sondern sie hat auch das Recht, ihn nach Laune oder nur zu ihrem Zeitvertreib zu mißhandeln, wie es ihr eben gefällt, ja sogar zu töten, wenn es ihr beliebt, kurz, er ist ihr unbeschränktes Eigentum.« (VP, 87) Die Dialektik von Schmerz und Wollust schildert der Protagonist wie folgt:

> »Die Hiebe fielen rasch und kräftig auf meinen Rücken, meine Arme, ein jeder schnitt in mein Fleisch und brannte hier fort, aber die Schmerzen entzückten mich, denn sie kamen ja von ihr, die ich anbetete, für die ich jede Stunde bereit war, mein Leben zu lassen.« (VP, 53)

Die bei Sacher-Masoch beschriebene Lust am *malum physicum* steht im Verdacht, ein *malum morale* zu sein, weil sie das ›natürliche‹ Leidempfinden pervertiert. Letztlich treibt der Masochismus jedoch nur eine allgemeine Tendenz auf die Spitze, die darin besteht, dass das Gute – sei es im physischen oder moralischen Sinne – sein Profil nur in Bezug auf das jeweils entgegengesetzte Böse erhält. Während diese Einsicht bloß definitorischer und begrifflicher Natur ist, hat Sacher-Masoch die Beziehung von Gut und Böse jedoch auf die Existenz des Menschen selbst und sein Handeln bezogen.

5. Pychologien des Bösen

5.1 Die Faszination des Bösen

Die alltägliche Präsenz des Bösen – sei es in Kriminalgeschichten, Horrorfilmen oder Computerspielen – lässt sich kaum übersehen. Das Interesse am Bösen ist allgegenwärtig, auch wenn es erstaunlich selten in wissenschaftlichen Zusammenhängen thematisiert wird. Als Grund dieses Interesses wird oft auf eine besondere Faszination hingewiesen, die von der Außergewöhnlichkeit des Bösen ausgeht – im Gegensatz zum Guten, welches mit unspektakulärer Normalität konnotiert ist. Die Philosophin Annemarie Pieper hebt diese Eigentümlichkeit des Bösen und seine Asymmetrie im Verhältnis zum Guten deutlich hervor, wenn sie schreibt:

> »Das Böse hat Karriere gemacht, denn das Böse fasziniert [...], während das Gute aufgrund seiner Unauffälligkeit und Selbstverständlichkeit fast schon den Anstrich des Langweiligen hat. Wenn einer als ein guter Mensch bezeichnet wird, so rückt man ihn in die Nähe eines Heiligen, nicht ohne die unausgesprochene Vermutung, der Betreffende müsse etwas weltfremd, wenn nicht gar ein Tor sein.« (Pieper 2008: 7)

Woher rührt diese eigentümliche Faszination des Bösen gegenüber dem Guten, die im eklatanten Widerspruch zu dem ihm beigemessenen Wert steht? Wie das Verbot, welches die eigene

Freiheit beschränkt und dadurch gerade herausfordert, ist das Böse das Unerhörte, das die Grenzen der Sittlichkeit überschreitet oder gar sprengt. Besonders greifbar wird diese Faszination dann, wenn es sich nicht um Fiktionen des Bösen, sondern um konkrete Verbrechen und Verbrecher in der Welt handelt, in deren Person das Böse greifbar wird. Davon zeugen vor allem Figuren wie gerissene Gangster oder clevere Betrüger – Subjekte, die ihre individuelle Freiheit so weit ausdehnen, dass die Grenzen der Moral teilweise oder gar durchgängig überschritten werden. Diese ›Transzendenz des Bösen‹ scheint uns neugierig darauf zu machen, was sich eigentlich jenseits dieser Grenze des Erlaubten verbirgt, und fordert so unsere Freiheit heraus. Zugleich lässt das Böse eine besondere Dimension von Individualität sichtbar werden, die darin auf gesteigerte Art und Weise zur Geltung kommt und sich vor dem Hintergrund der normalen Allgemeinheit umso deutlicher abhebt und profiliert. Annemarie Pieper schreibt dazu:

> »Wer das Böse will, will etwas Einzigartiges, Unverwechselbares sein, ein radikaler Individualist, der Umwelt und Mitmenschen als Experimentierfeld für seine ausgefallenen Interessen und Neigungen benutzt, ohne sich auch nur einen Deut um das Wohlergehen der von ihm Manipulierten zu scheren.« (Pieper 2008: 8)

Die Faszination des Bösen – die auch eine Faszination an der unbeschränkten eigenen Freiheit und Individualität ist – erscheint bereits in der Urgeschichte des Sündenfalls in Gestalt der Schlange, die Adam und Eva zum Essen vom Baum der Erkenntnis verführt und mit der Gottgleichheit etwas ganz und gar Besonderes verspricht. Dieses Motiv enthält einen entscheidenden Hinweis auf eine wichtige Struktur des Bösen. Es ist die Versuchung in uns, das, was nicht sein soll oder darf, gerade um des Verbotes willen zu tun; ein Hang in uns, das eigene Ich zu entgrenzen und sich selbst zum autonomen, absoluten Gesetzgeber zu erheben.

5.2 Die Genese des Bösen

Sigmund Freud (1856–1939) hat sich dem Phänomen des Bösen in seiner Schrift *Das Unbehagen in der Kultur* (1930) vor dem Hintergrund der Frage nach der Genese des Schuldgefühls und des schlechten Gewissens angenommen. Dabei interessiert Freud sich weniger für das Phänomen selbst als für die Art und Weise, wie der Begriff des Bösen sich psychologisch herausgebildet hat und im Phänomen des schlechten Gewissens manifestiert. Freud fragt in diesem Zusammenhang nach dem Grund der kategorischen Unterscheidung von Gut und Böse und argumentiert dafür, dass es ein natürliches Unterscheidungsvermögen für beide Phänomene nicht gebe. Das als »böse« Bezeichnete muss nämlich nicht zwangsläufig mit dem Schädlichen und Gefährlichen identifiziert werden. Vielmehr kann gerade das, was gemeinhin als »böse« angesehen wird, dem Ich Vergnügen bereiten. Daher muss Freud zufolge der Grund für die normative Unterscheidung beider Kategorien von etwas dem Subjekt Äußerlichen stammen, das diese Unterscheidung autoritativ setzt, damit sich die Menschen daran orientieren und ihre Triebe einschränken. Das Motiv, sich an die in dieser Weise vorgegebene normative Unterscheidung von Gut und Böse zu halten, besteht nach Freud in der Angst vor dem Liebesverlust durch jene Autorität, die diese Unterscheidung etabliert hat und dem Ich an Macht überlegen ist. Das Gute und das Böse sind insofern relativ zur Gewährung von Liebe oder deren Entzug durch eine mächtigere Instanz. Diese kann entweder ein Elternteil sein oder aber die Gesellschaft als Ganzes, die Zuwiderhandlungen gegen die Setzung sanktioniert und dem Ich den Schutz vor Gefahren entzieht. Der Zustand des Ichs, durch eine böse Tat vom Liebesentzug bedroht zu sein, wird nach Freud als schlechtes Gewissen bezeichnet, lässt sich aber in letzter Hinsicht auf das grundlegende Gefühl der Angst vor einer möglichen Entdeckung reduzieren (Freud 1930: 483 f.).

Eine höhere psychische Entwicklungsstufe erlangt das Subjekt des schlechten Gewissens, wenn die sanktionierende Instanz der Autorität nicht mehr als etwas Externes erfahren, sondern als eine interne Dimension des Ichs in Form des »Über-Ichs« verinnerlicht wird (Freud 1930: 484 f.). Durch diese Internalisierung der Kontrollautoriät, die über die Unterscheidung von Gut und Böse sowie den Vollzug guter und böser Handlungen wacht, wird nun aber das böse Denken und Wollen zum Anlass von Gewissensbissen, indem das Über-Ich alle Intentionen des Ichs argwöhnisch registriert und diese ihm auch mehr oder weniger transparent sind. Auf den ersten Blick mag es widersprüchlich erscheinen, wenn das Über-Ich in diesem Szenario das eigene Ich bestrafen will, da es ja wesentlich zu ihm gehört. Um dieses Verhältnis genauer zu beleuchten, führt Freud die weiterhin bestehende Überwachungsfunktion des Über-Ichs auf seine Genese zurück. Dieses erbt gewissermaßen von einem früheren psychischen Entwicklungsstadium die formale Struktur der äußeren Macht mit deren Autorität und Bestrafungspotenzial. Im Gegensatz zur ersten, externen Entwicklungsstufe besteht das Charakteristikum der zweiten, internen, jedoch nun darin, dass das Gewissen sich paradoxerweise umso strenger bemerkbar macht, je gehorsamer das Ich die Gebote des Über-Ichs befolgt. Freud sieht diese Entwicklung paradigmatisch im Judentum und dessen strengen Geboten realisiert (Freud 1930: 486). Der Triebverzicht genügt dem Über-Ich nicht, wie es im Falle der externen Machtinstanz der Fall war. Selbst bei Unterlassung und der Fortexistenz böser Gedanken und Wünsche existiert ein Schuldgefühl weiter, weil böse Tat und böse Intention prinzipiell gleich bewertet werden. Durch die Internalisierung der Kontrolle ergibt sich nach Freud die paradoxe Situation, dass das Gewissen überkompensatorisch umso stärker gebietet, je mehr ihm Folge geleistet und auf die Befriedigung der Triebe verzichtet wird. Die Strenge des Gewissens kompensiert auf diese Weise den von ihm geforderten Verzicht auf Triebbefriedigung. Der Trieb wird sublimiert zur fortdauernden Gewissenslast, die das Vakuum des nicht ausgelebten Triebbedürfnisses füllt. Dies zeigt sich besonders deutlich bei der Kompensation des Aggressionstriebs: Das Ich befindet sich hier in einer Situation des triebmäßigen Defizits und identifiziert die Instanz des Über-Ichs mit sich, damit dieses nun die ursprünglich verbotene und unterdrückte Aggression ausüben darf. Das Über-Ich kompensiert die auf der Ich-Ebene befindliche Aggression, indem es diese durch das Gewissen nun gerade gegen das Ich richtet, das damit zum Objekt wird.

Freud bestimmt das Schuldgefühl seiner Genese nach auch intersubjektiv und kulturgeschichtlich als Folge eines Konflikts zwischen dem »Eros« oder »Lebenstrieb«, der einen Trieb zur Vereinigung darstellt, und dem »Todes- und Destruktionstrieb«, der dieser vereinigenden Tendenz entgegengesetzt ist. Das »Böse« wird dabei nicht als moralische Kategorie verstanden, sondern als eine urtypische Trieb- und Existenzweise des Menschen:

»Ich erinnere mich meiner eigenen Abwehr, als die Idee des Destruktionstriebs zuerst in der psychoanalytischen Literatur auftauchte, und wie lange es dauerte, bis ich für sie empfänglich wurde. Daß andere dieselbe Ablehnung zeigten und noch zeigen, verwundert mich weniger. Denn die Kindlein, sie hören es nicht gerne, wenn die angeborene Neigung des Menschen zum ›Bösen‹, zur Aggression, Destruktion und damit auch zur Grausamkeit erwähnt wird.« (Freud 1930: 479)

Bei der Betrachtung des antagonistischen Kampfs beider Triebe lässt sich nach Freud die Kulturentwicklung verstehen. Freud erklärt das Schuldgefühl durch den »Ambivalenzkonflikt« zwischen Eros und Aggressionstrieb als zwei menschlichen Grundkonstanten. Wie auf innersubjektiver Ebene durch die Etablierung der Instanz des Über-Ichs das schlechte Gewissen geweckt wird und dort eine eigene Dynamik entfaltet, so wird der Destruktionstrieb innerhalb von intersubjektiven Verbünden nicht einfach unterdrückt, sondern vielmehr zu einem Schuldbewusstsein sublimiert (Freud 1930: 492). Die Kulturentwicklung »muß uns den Kampf zwischen Eros und Tod, Lebenstrieb und Destruktionstrieb zeigen, wie er sich an der Menschenart vollzieht. Dieser Kampf ist der wesentliche Inhalt des Lebens überhaupt und darum ist die Kulturentwicklung kurzweg zu bezeichnen als der Lebenskampf der Menschenart.« (Freud 1930: 481) Das innersubjektive Problem von Ich und Über-Ich findet schließlich im Übergang zum interfamiliären Ödipus-Komplex eine letzte Gestalt in der Kultur:

> »Da die Kultur einem inneren erotischen Antrieb gehorcht, der sie die Menschen zu einer innig verbundenen Masse vereinigen heißt, kann sie dies Ziel nur auf dem Wege einer immer wachsenden Verstärkung des Schuldgefühls erreichen. Was am Vater begonnen wurde, vollendet sich an der Masse. Ist die Kultur der notwendige Entwicklungsgang von der Familie zur Menschheit, so ist unablösbar mit ihr verbunden, als Folge des mitgeborenen Ambivalenzkonflikts, als Folge des ewigen Haders zwischen Liebe und Todesstreben, die Steigerung des Schuldgefühls vielleicht bis zu Höhen, die der Einzelne schwer erträglich findet.« (Freud 1930: 491 f.)

Durch die psychoanalytische Betrachtung der Genese des Schuldgefühls und Gewissens bestimmt Freud das Böse als inter- und intersubjektiv *relative* Kategorie, was zur Folge hat, dass er auf eine im strengen Sinne moralische Interpretation verzichtet.

Der Begriff des Bösen wird damit von der Art und Weise abhängig gemacht, wie Machtinstanzen unliebsame Interessen sanktionieren, und verliert seine objektive Bedeutung. Freilich stellt sich die Frage, inwiefern eine kulturelle Entstehungsgeschichte des Gewissens die objektive Geltung und den Begriff des Bösen überhaupt zu relativieren vermag.

Im Gegensatz zu Freuds Auflösung des moralisch Bösen in einen Aggressions- und Destruktionstrieb als Bestandteil der psychologischen Genese des Schuldgefühls versteht der Schweizer Psychiater Carl Gustav Jung (1875–1961) das Phänomen des Bösen als eine eigenständige innerpsychische Realität und analysiert es im Rahmen seiner Theorie der analytischen Psychologie von »Persona« und »Schatten«. Diese Betrachtung des Bösen als eigenständige Realität wird speziell vor dem Hintergrund der Katastrophe des Zweiten Weltkrieges verständlich, den Freud selbst nicht mehr erlebte, unter dessen Eindruck Jung jedoch seine Schrift *Aion. Beiträge zur Symbolik des Selbst* (1950) verfasste:

> »Es ist heute, wie zu allen Zeiten, wichtig, daß der Mensch die Gefahr des Bösen, die in ihm lauert, nicht übersieht. Sie ist leider nur allzu wirklich, weshalb die Psychologie auf der Realität des Bösen bestehen und irgendeine Definition, welche das Böse als unbedeutend oder gar als nicht existierend auffassen will, abweisen muß.« (Jung 1978: 63)

Während die »Persona« die nach außen vermittelte Persönlichkeit eines Menschen meint, die seinem Idealbild entspricht, bezeichnet der »Schatten« diejenigen unbewussten Bereiche des Subjekts, die es prinzipiell verdrängen und vor der Öffentlichkeit verbergen möchte, weil sie seinem Ich-Ideal nicht entsprechen. Eine gesunde Einheit des Ichs erfordert nach Jung jedoch gerade die Auseinandersetzung, die Anerkennung und Integration dieses Schattens anstelle seiner bloßen Verdrängung. Der Schatten kann nach Jung auch moralphilosophisch verstanden werden in der Art eines unterdrückten Hangs zum Bösen bzw. als »dunkle Charakterzüge«. Diese müssen Jung zufolge jedoch gerade bewusst wahrgenommen und in ein neues Konzept des Ichs integriert werden:

»Der Schatten ist ein moralisches Problem, welches das Ganze der Ich-Persönlichkeit herausfordert, denn niemand vermag den Schatten ohne einen beträchtlichen Aufwand an moralischer Entschlossenheit zu realisieren. Handelt es sich bei dieser Realisierung doch darum, die dunklen Aspekte der Persönlichkeit als wirklich vorhanden anzuerkennen.« (Jung 1978: 17)

Jungs Psychologie des Schattens lässt sich als eine Theorie des Bösen lesen, die dieses nicht von vornherein als etwas Negatives, Privatives oder seinem ontologischen Status nach weniger Seiendes annimmt, sondern ihm eine eigene, wenn auch verdrängte Realität zugesteht, die als solche wahr- und angenommen werden muss, damit sie durch die Arbeit am eigenen Ich aufgehoben werden kann. Diese Einsicht in die Eigenständigkeit des Bösen erlaubt es nach Jung, im Schatten selbst Momente des Positiven zu erkennen und Persona und Schatten, Gut und Böse, miteinander zu versöhnen:

»Wenn man bis dahin der Meinung war, daß der menschliche Schatten die Quelle alles Übels sei, so kann man nunmehr bei genauerer Untersuchung entdecken, daß der unbewußte Mensch, eben der Schatten, nicht nur aus moralisch-verwerflichen Tendenzen besteht, sondern auch eine Reihe guter Qualitäten aufweist, nämlich normale Instinkte, zweckmäßige Reaktionen, wirklichkeitsgetreue Wahrnehmungen, schöpferische Impulse und anderes mehr.« (Jung 1978: 281)

Der Aufweis dieser innerpsychischen Vermittlung von Persona und Schatten führt Jung schließlich so weit, die Realität ›des Bösen‹ außerhalb der menschlichen Psyche ganz zu bestreiten, weil ihm zufolge gilt,

> »daß die Gegensätze ihre moralische Zuspitzung erst im Gebiete des menschlichen Wollens und Handelns erlangen und daß wir außerstande sind, eine Definition des Guten und Bösen zu geben, welche schlechthin allgemeingültig wäre, das heißt wir wissen letzten Endes nicht, was Gut und Böse an sich sind. Es steht also zu vermuten, daß sie einer menschlichen Bewußtseinsnotwendigkeit entspringen und darum jenseits des Menschen ihre Gültigkeit verlieren, das heißt es ist unzulässig, sie metaphysisch zu hypostasieren, weil sie dann ihren Sinn verlören.« (Jung 1978: 282)

Jung ist es damit gelungen, das Böse als eine eigenständige innerwillentliche Realität darzustellen, die sich nicht psychologisch-genetisch relativieren und auf tieferliegende Triebmechanismen reduzieren lässt. Auch weist Jung darauf hin, dass diese Realität nicht schadlos unterdrückt werden kann, sondern vielmehr affirmiert werden muss. Wie Freuds Theorie lässt jedoch auch Jungs innerpsychische Betrachtung ein wesentliches Moment des Begriffs des Bösen aus dem Blick, das in seinem normativen Unterschied zum Guten besteht.

5.3 Emotionen des Bösen

Von allen menschlichen Verhaltensweisen darf die Aggression als diejenige gelten, die am ehesten mit dem gemeinhin als »böse« Bezeichneten in Verbindung steht. Damit einher geht ein breites Spektrum an Emotionen, die Gefühle wie Wut oder Hass umfassen und in letzter Konsequenz in physischer oder psychischer Gewalt eskalieren müssen. Im Anschluss an Freuds psychologisch-genetische Analyse hat der Verhaltensforscher Konrad Lorenz (1903–1989) das Phänomen des Bösen zum Gegenstand einer naturwissenschaftlichen Untersuchung gemacht. In seinem Buch *Das sogenannte Böse* (1963) knüpft Lorenz an Freuds Theorie des Todestriebs an, indem er sich auf die fundamentale anthropologische Rolle der Aggression im Rahmen der Naturgeschichte konzentriert (Lorenz 2004). Aggression als das »sogenannte Böse« ist nach Lorenz nicht primär destruktiv oder verdammenswert, sondern hat im Sinne Darwins eine arterhaltende Funktion. Besonders im Fall von Revierkämpfen beobachtet Lorenz, dass hier die Aggression unter Artgenossen keineswegs zur Vernichtung des Schwächeren führt, sondern gerade zur Arterhaltung, indem sie in letzter Konsequenz für Gerechtigkeit sorgt. Auch den schwächeren Individuen wird im Ergebnis dieser Auseinandersetzungen nämlich ein Lebensraum zugewiesen, der ihnen zum Schutz und zur Verteidigung des Nachwuchses dienen kann. Lorenz kritisiert in diesem Zusammenhang die Auffassung, dass die Aggression ein böses und lebensvernichtendes Prinzip sei und weist vielmehr auf ihre lebenserhaltende, ordnende und friedenssichernde Funktion hin. Die Aggression innerhalb von Arten spielt ihm zufolge eine »unentbehrliche Rolle [...] im großen Konzert der Triebe«, ja sie ist paradoxerweise gerade die Ursache für Verhaltensweisen, die als das genaue Gegenteil der Aggression erscheinen wie etwa im Falle von »innigsten persönlichen Bindungen, die es zwischen Lebewesen überhaupt gibt« (Lorenz 2004: 59). Die Aggression erscheint in dieser Sichtweise weniger als destruktiv denn als »Teil der System- und lebenserhaltenden Organisation aller Wesen, der zwar, wie alles Irdische, in Fehlfunktionen verfallen und Leben vernichten kann, der aber doch vom großen Geschehen des organischen Werdens zum Guten bestimmt ist« (Lorenz 2004: 64). Lorenz zeigt hier aus einem naturwissenschaftlichen Blickwinkel, was viele Philosophen aus freiheitstheoretischer Sicht ebenso betonen: Die Aggression und das Böse verfügen über ein Energiepotenzial, welches sich unter den richtigen Rahmenbedingungen zum Guten auswirken kann.

Anders als Lorenz versteht der Sozialpsychologe Erich Fromm (1900–1980) in seinen Schriften *Über die Ursprünge der Aggression* (1971; 1983) und *Anatomie der menschlichen Destruktivität* (1973) die Aggression nicht als generelles Phänomen, welches Natur und menschliches Handeln verbindet. Im Gegensatz zu Lorenz bestreitet Fromm die These, dass das Böse in der tierischen Natur des Menschen liege. Vielmehr begründet es ihm zufolge die Existenz des Menschen in seiner Besonderheit. Fromm unterscheidet die Aggression, die er als ein natürliches und biologisches Phänomen begreift, das im eigentlichen Sinne nicht böse genannt werden kann, von dem Phänomen der Destruktivität, das für die Frage nach der Erklärung des Bösen mit Blick auf den Menschen relevant ist. Es handelt sich dabei um eine besondere Form von Aggressivität, die die »spezifisch menschliche Leidenschaft zu zerstören und absolute Kontrolle über ein Lebewesen zu haben« (Fromm 1977: 14) betrifft. Fromm nennt diese Destruktivität, die sadistische Züge annehmen und somit auch lebensfeindlich werden kann, die menschliche »Extra-Aggression« (Fromm 1999: 351), die im menschlichen Charakter und dem Weltbezug des Menschen besteht. Dieser teilt demnach die defensive Aggressivität des Tiers, die für sein Überleben unverzichtbar und deswegen in einem gewissen Sinne gut ist. Der böse Charakter, der allein in der menschlichen Existenz besteht, äußert sich hingegen am deutlichsten im Hang zum Sadismus und der vollständigen Kontrolle über ein anderes Wesen, welches damit zu einem bloßen Objekt degradiert und seiner Freiheit beraubt wird.

5.4 Experimente des Bösen

In den 1960er und 1970er Jahren trugen vor allem zwei psychologische Experimente dazu bei, die Entstehungsmechanismen von moralisch bösen Handlungen genauer zu erklären und dabei einige problematische anthropologische Grundzüge sichtbar zu machen. Gegenüber der trieb- und kulturtheoretischen Analyse bei Sigmund Freud wird nun mittels dieser Experimente versucht, die Genese des Bösen anhand von objektiven Kriterien empirisch zu quantifizieren und die erzielten Ergebnisse zu reproduzieren. Das sogenannte »Milgram-Experiment« wurde 1961 an der Yale Universität unter der Leitung des Psychologen Stanley Milgram entwickelt (Milgram 1997: 19 ff.). Ziel dieses Experiments war es, die Mechanismen der Gehorsamkeitsbereitschaft, aus denen böse Handlungen folgen können, in bestimmten Kontexten zu klären. Die prozentual hohe Wahrscheinlichkeit, dass eine normale Versuchsperson durch die auf den ersten Blick unverdächtige Versuchsanordnung selbst zu bösen Handlungen angeleitet wurde, sorgte dabei weltweit für Erstaunen, denn sie legte den Schluss nahe, dass es sich dabei um eine anthropologische Konstante – einen statistisch signifikanten ›Hang zum Bösen‹ – handele, der nur schwer durch äußere Prozesse der Aufklärung und Demokratisierung beseitigt werden könne. Milgram selbst stellt die Versuchsanordnung in eine Analogie mit dem System des Nationalsozialismus und seiner Befehls- und Gehorsamsstruktur. Er bestimmt das Wesen des Gehorsams als die Tatsache, »daß ein Mensch dahin kommt, sich selbst als Werkzeug zu verstehen, das den Willen eines anderen Menschen ausführt, und sich selbst nicht mehr als verantwortlich anzusehen für das eigene Handeln« (Milgram 1997: 11). Die Besonderheit dieser Gehorsamsstruktur besteht darin, dass sie, einmal etabliert, unabhängig von bestimmten äußeren Kontexten zu wirken scheint. Insofern spielt es keine Rolle, ob sich eine Person innerhalb einer künstlichen Versuchsanordnung oder innerhalb einer Situation der wirklichen Welt, etwa im Krieg, befindet.

Das Milgram-Experiment ist so aufgebaut, dass eine Versuchsperson in einem Versuchslabor die Rolle eines Lehrers zugewiesen bekommt, der über eine in das Experiment eingeweihte Schüler-Person zu bestimmen hat. Das Experiment wird der Lehrer-Person als eine »Untersuchung über die Auswirkungen von Strafe auf das Lernen« (Milgram 1997: 19) vorgestellt. Ihre Aufgabe bestehe darin, den Lernfortschritt des »Schülers« zu überprüfen und diesen im Falle von Fehlern zu bestrafen, indem dem Schüler vorgeblich Stromstöße von unterschiedlicher Intensität (15 bis 450 Volt) zugefügt werden sollen. Das Interesse des Experiments besteht nun in der Frage, wie sehr der Lehrer bereit ist, sein ›Opfer‹ durch Zufügen von Schmerzen zu bestrafen. Die simulierten Reaktionen des bestraften Schülers eskalieren mit zunehmender Stromstärke der zugefügten Elektroschocks. Das Erkenntnisinteresse des Experiments besteht ferner darin festzustellen, ab wann die Versuchsperson sich den Weisungen des Versuchsleiters zu widersetzen getraut und dessen Autorität infrage stellt. Die Ergebnisse zeigten, dass die überwiegende Mehrheit der Probanden bereit war, sich den Weisungen des Versuchsleiters zu fügen und dem Opfer großes Leid zuzufügen, selbst wenn dieses vorgab, große Schmerzen zu leiden.

Milgram folgert aus den Ergebnissen des Experiments, dass die These einer »Banalität des Bösen«, wie sie Hannah Arendt in ihrem Buch *Eichmann in Jerusalem* von 1963 vertreten hatte, empirisch und psychologisch untermauert werden kann. Es sind demnach nicht besonders aggressive Menschen, die den Befehlen der Vorgesetzten bis zum Zufügen von extremem Leid gehorchen, sondern durchschnittliche, gewöhnliche Menschen, die diese Taten aus einem Verpflichtungsgefühl heraus begehen (Milgram 1997:

21). Milgram fasst die Grunderkenntnis seines Experiments folgendermaßen zusammen:

> »Ganz gewöhnliche Menschen, die nur schlicht ihre Aufgabe erfüllen und keinerlei persönliche Feindseligkeit empfinden, können zu Handlungen in einem grausigen Vernichtungsprozeß veranlaßt werden. Schlimmer noch: selbst wenn ihnen die zerstörerischen Folgen ihres Handelns vor Augen geführt und klar bewußt gemacht werden und wenn man ihnen dann sagt, sie sollen Handlungen ausführen, die in krassem Widerspruch stehen zu ihren moralischen Grundüberzeugungen, so verfügen doch nur vereinzelte Menschen über genügende Standfestigkeit, um der Autorität wirksam Widerstand entgegenzusetzen. Eine Vielzahl von Hemmungen gegenüber dem Ungehorsam gegen Autorität spielt mit und sorgt erfolgreich dafür, daß einer nicht aufmuckt.« (Milgram 1997: 22)

Aus diesem empirischen Befund leitet Milgram die anthropologisch-psychologische These ab, dass das Moralgefühl des Individuums sowie moralische Normen nicht derart fest verankert sind, wie dies gemeinhin angenommen wird. Vielmehr könnten diese gerade durch bestimmte Kontexte von Befehlsstrukturen systematisch und zuverlässig unterminiert werden. Der Grund für diesen bemerkenswerten empirischen Befund ähnelt demjenigen Phänomen, welches Immanuel Kant als »Vernünfteln« bezeichnet hat: Die gehorsame Versuchsperson legt sich Gründe für ihr unmoralisches Handeln so zurecht, dass sie die Verantwortung unter allerlei Rechtfertigungen auf den Versuchsleiter abschiebt, ja ein Modell des eigenen Selbst als eines bloß ausführenden Instruments konstruiert, sich also gewissermaßen aus der moralischen Ordnung herausreflektiert und ihre Verantwortlichkeit an die höhere Instanz delegiert. Milgram betont in diesem Zusammenhang, dass diese Rechtfertigungsstruktur keine »billige ad hoc zusammengebraute Entschuldigung« darstellt, sondern im Gegenteil einen »fundamentalen Denkmodus« betrifft, der die Unterdrückung des Verantwortungsgefühls zur Folge hat (Milgram 1997: 24 f.).

Als besonders interessant erwies sich im Milgram-Experiment die Tatsache, dass viele Versuchspersonen ihr Opfer im Nachhinein negativ bewerteten, um so ihr eigenes Handeln zu rechtfertigen. Auch diese psychologische Strategie passt zu dem von Immanuel Kant beschriebenen Phänomen des Vernünftelns, insofern sich die Versuchspersonen nachträglich eine moralische Ordnung konstruieren, innerhalb deren ihr eigenes Handeln als gerechtfertigt erscheint. Milgram erblickt die Ursache für die Entstehung solcher psychologischer Strategien und Mechanismen in der sozialen Struktur der Arbeitsteilung. Diese führe dazu, dass sich die Menschen von ihrem eigenverantwortlichen Handeln entfremden und schneller dazu bereit sind, ihre Verantwortlichkeit an höhere Autoritäten abzugeben.

Der amerikanische Psychologe Philip Zimbardo führte nach dem Milgram-Experiment im Jahr 1971 das sogenannte »Stanford-Prison-Experiment« durch und stellte dessen Ergebnisse in seinem Buch *Der Luzifer-Effekt* ausführlich dar (Zimbardo 2008). Das Experiment ist so aufgebaut, dass die Versuchspersonen in zwei Gruppen – Wärter und Gefangene – aufgeteilt werden. Die Gefangenen werden in Zellen gesperrt, müssen eine spezielle Gefängniskleidung anziehen und werden mit Nummern versehen. Den Wärtern wird im Rahmen des Experiments vollständige Entscheidungsfreiheit bezüglich etwaiger disziplinarischer Maßnahmen zugestanden. Nach nur kurzer Zeit geriet das Experiment jedoch aus den Fugen, da die Gefangenen sich weigerten, ihre Rolle, in der sie Schikanen erleiden mussten, weiter zu erfüllen. Die Konsequenz waren verschiedene Demütigungen von Seiten der Wärter wie etwa Kleidungs- und Toilettenentzug, was zu prekären Situationen führte. Das Experiment entwickelte recht bald eine ungeplante Eigendynamik, in deren Folge manche der

Gefangenen zusammenbrachen und einige der Wärter die Opfer zu misshandeln begannen, wenn sie sich unbeobachtet fühlten. Das Experiment des Bösen war schließlich nicht mehr zu kontrollieren und musste vorzeitig abgebrochen werden: Es war zu einem bösen Experiment geworden.

Wie das Milgram-Experiment förderte auch das Stanford-Prison-Experiment zutage, dass ganz gewöhnliche Menschen in bestimmten Situationen dazu in der Lage sind, böse Taten zu begehen, die man ihnen davor nicht zugetraut hätte. Die Ergebnisse dieses Experiments deuten darauf hin, dass bestimmte soziale Institutionen und Kontexte, wie sie in Gefängnissen und Lagern herrschen, dazu führen können, dass gewöhnliche Menschen tatsächlich zu besonders grausamen Taten in der Lage sind. Im Gegensatz zum Milgram-Experiment ist das Stanford-Prison-Experiment in der Forschung jedoch umstritten, weil es unter extremen Belastungsbedingungen für die Probanden ausgeführt wurde und im Gegensatz zum Milgram-Experiment nicht objektiv reproduziert werden konnte.

Die im Jahr 2002 in der BBC ausgestrahlte, von Steve Reicher und Alex Haslam produzierte Dokumentationsserie *The Experiment* knüpft an das Stanford-Prison-Experiment an, insofern sie zur Erklärung extremer Gewalt nicht auf das Individuum, sondern auf die Gruppendynamik fokussiert.[9] 15 Männer wurden dazu willkürlich in Gefangene und Aufseher eingeteilt und im Rahmen einer achttägigen Simulation untersucht. Im Gegensatz zum Stanford-Prison-Experiment handelte es sich dabei jedoch aus ethischen Gründen nicht primär um eine Gefängnissimulation, sondern um eine soziale Institution, die aufgrund der hierarchischen Struktur und Asymmetrie der Beteiligten manche Nähe zu Institutionen wie Schulen und Kasernen aufwies (Reicher/Haslam 2006: 7). Unter dem Namen »The BBC Prison Study« wurden die Ergebnisse des Experiments zusammengefasst und vor allem sozialtheoretisch analysiert:

> »The BBC Prison Study was designed to examine the factors that determine how people respond when a system of inequality is imposed upon them by others. At the start, almost all the participants rejected this system. However, by the end, they were close to instituting a new and more tyrannical social system [...] this raises a new and unexpected issue. What are the conditions under which people create a system of inequality *for themselves*?« (Reicher/Haslam 2006: 24)

Das Ziel der Studie bestand ganz konkret darin herauszufinden, wie sich die Interaktion zwischen unterschiedlich mächtigen Gruppen im Laufe der Zeit in einem geschlossenen System entwickelt. Von besonderem Interesse waren dabei die Bedingungen, unter denen sich die Probanden selbst eine Identität zuschrieben, und inwiefern sie Asymmetrien zwischen den verschiedenen Gruppen infrage stellten (Reicher/Haslam 2006: 7). Im Verlauf der Studie radikalisierte sich das Verhältnis zwischen Gefangenen und Aufsehern zunehmend, und es ergaben sich gruppenspezifisch unterschiedliche Dynamiken:

> »In the first phase, the guards failed to identify with each other as a group and to cohere collectively. By contrast, after the promotion on Day 3, the prisoners did increasingly identify as a group and work collectively to challenge the guards. This led to a shift of power and ultimately to the collapse of the prisoner–guard system. In the second phase, participants decided to continue as a single self-governing ›commune‹. However, they were unable to deal with internal dissent and lost confidence in the communal system. By the end of the study, they were increasingly disposed to tolerate a new and much more draconian system of inequality that some participants now wished to impose.« (Reicher/Haslam 2006: 12)

Insgesamt zeigte die Studie, dass soziale Instabilitäten die Entstehung von tyrannischen Systemen auf besondere Weise fördern:

»[I]t is when people cannot create a social system for themselves that they will more readily accept extreme solutions proposed by others. It is when groups lack the power to exercise choice that an authoritarian ideology that promises to create order for them appears more seductive. In short, it is the breakdown of groups and powerlessness that creates the conditions under which tyranny can triumph.« (Reicher/Haslam 2006, 33)

Die *BBC Prison Study* beansprucht, soziale Dynamiken zu analysieren, die auch von ethischer und politischer Relevanz sind. Damit versucht sie sich von reduktionistischen und behaviouristischen Ansätzen abzugrenzen (Reicher/Haslam 2006: 34). Offen bleibt bei allen hier dargestellten Experimenten jedoch die Frage, warum sich bestimmte Probanden dafür und bestimmte dagegen entschieden, ihren Opfern Schmerzen zuzufügen. Der Wert der empirischen Erkenntnisse liegt daher vor allem in der Erklärung der Umstände, die bei gewissen Dispositionen zur Eskalation von Gewalt und unmoralischen Handlungen führen können.

6. Pathologien des Bösen

6.1 Böse Typen

In seinem 1876 veröffentlichten Buch *L'Uomo delinquente* (dt. *Der Verbrecher in anthropologischer, ärztlicher und juristischer Beziehung*, 1887) unternahm der italienische Psychiater und Kriminologe Cesare Lombroso (1835–1909) den Versuch, eine spezifische »Natur« von Kriminaltätern zu identifizieren. Auf diese Weise erhoffte er sich, zu einer biologisch fundierten Strafrechtstheorie in Form einer Kriminalanthropologie allgemeiner Charaktertypen und -naturen – dem »Wesen des Verbrechers« (Lombroso 1894, I: XIX) – zu gelangen, die die Entstehung von bösen Handlungen erklären und zugleich wissenschaftlich fundieren sollte. Seine vom Geist des Positivismus getragene »Naturgeschichte des Verbrechens« gipfelt im Topos des »geborenen Verbrechers«. Besonders interessieren ihn dabei Schädelformen und andere vermeintlich typische Körpermerkmale von Kriminellen, aber auch andere Auffälligkeiten, aus denen Lombroso ein Zeichensystem des Abnormen und eine anatomisch inspirierte Semiotik des Bösen konstruiert. Diese Zeichen oder *Stigmata* sind für ihn jedoch keine hinreichenden Bedingungen für die Diagnose einer »Verbrechernatur«, sondern lediglich Anzeichen, Hinweise oder notwendige Bedingungen. Er versteht sie »gleichsam wie einen musikalischen Ton, aus welchem wir keinen Accord bilden können, wenn nicht andere körperliche oder geistige Merkmale zusammentreffen« (Lombroso 1894, I: XVI).

Der eigentlichen Untersuchung von »Verbrechernaturen« stellt Lombroso eine Darstellung des »Uranfangs des Verbrechens« voran, also von rudimentären Vorformen, Prototypen des Verbrechens, die sich bereits »in niederen Organismen« beobachten ließen und so ein Kontinuum des Abartigen bildeten. Bereits auf der Ebene der Pflanzen zeige sich »das Beispiel der unerbittlichsten Gefühllosigkeit und der grössten Unsittlichkeit« (Lombroso 1894, I: 2), etwa bei insektenfressenden Pflanzen. Lombroso bezeichnet die Insekten als »Opfer« und spricht von »mörderischen Borsten« dieser Pflanzen, die an den Insekten tatsächlich »Morde« verübten. Darin erblickt Lombroso »das erste Aufdämmern verbrecherischen Wesens« (Lombroso 1894, I: 4). Diese Analogie zwischen menschlichen Verbrechen und den Verhältnissen im Naturreich zeigt sich nach Lombroso jedoch noch deutlicher im Tierreich. Er erkennt dort Verhaltensformen wie Eifersucht und Hass, zu denen sich weitere Phänomene wie die Tötung aus Habsucht bei den Ameisen oder Tötungen aus Kriegslust bei den Gorillas gesellen.

Lombrosos eigentliches kriminologisches Interesse gilt jedoch der angeblich pathologischen Anatomie von »Verbrecherschädeln«. In diesem Zusammenhang verglich er das Gehirnvolumen von über 300 Mördern mit demjenigen von »Dieben«, »Gesunden«, »Irren« und »Epileptikern« und gelangte zu dem Ergebnis, dass die Schädelkapazität von Verbrechern verglichen mit jener von Angehörigen der Normalbevölkerung signifikant geringer sei, wobei besonders Diebe ein kleineres Gehirnvolumen aufwiesen. Noch größere Beachtung schenkte er aber den besonderen Schädelanomalien seiner Untersuchungsobjekte. Die wichtigsten physiognomischen Abweichungen betreffen nach Lombrosos Darstellung in abnehmender Reihenfolge das Hervorragen des Augenbrauenbogens und Stirnbeins, abnorm entwickelte Weisheitszähne, pathologische Schädel, fliehende Stirn sowie Asymmetrien und die Schiefheit des Gesichts (Lombroso 1894, I: 162).

Neben der Typologie körperlicher und biologisch erfassbarer Anomalien findet sich in Lombrosos Werk auch eine Analyse kultureller Eigenarten der von ihm untersuchten Personengruppen, die auf ihre Zeichenhaftigkeit hin erschlossen werden sollen. Im Rahmen einer graphologischen Analyse untersuchte er etwa »Verbrecherhandschriften«. Dieser Analyse liegt die Annahme zugrunde, dass sich aus der Form der Handschrift Rückschlüsse auf den Charakter des Schreibers ziehen lassen, die Handschrift also Ausdruck und Zeichen der »Verbrechernatur« sei. Auch hier unterscheidet Lombroso zwischen verschiedenen Verbrechergruppen. Für »Mörder«, »Wegelagerer« und »Räuber« etwa stellt er fest:

> »Der grösste Theil ihrer Handschriften ist durch langes Ausziehen der Buchstaben kenntlich, weshalb die Herren vom Fach diese Schriftart die schwertförmige nennen, d. i. die mehr runde und zugleich aus der Verlängerung der Buchstaben nach oben oder unten vorspringende Form. Bei Vielen ist der Querstrich am t kräftiger oder länger, eine Eigenheit der Kriegsleute und energischer Menschen.« (Lombroso 1894, I: 402)

In den Handschriften von »Schwindlern« und »Fälschern« meint Lombroso »schwertähnliche« und »dolchförmige« Buchstaben zu erkennen, wobei sich die Schrift von »Schwindlern« gerade durch ihren filigranen Strich auszeichne. In diesem Zusammenhang vermerkt Lombroso auch eine angeblich häufige Tendenz von Verbrechern, ihren Körper mit Tätowierungen zu versehen, womit sie sich gewissermaßen selbst stigmatisierten.

Das wichtigste Zeichensystem der Verbrecher von Profession ist nach Lombroso die spezifische »Gaunersprache«. Diese unterscheide sich weniger in grammatikalischer oder syntaktischer Hinsicht von der normalen Sprache als vielmehr durch eine andere Semantik, indem die Bedeutungen der Wörter in dieser Sprache systematisch verändert würden. Verbrecherische Eigenschaften werden demnach am Gebrauch der Sprache ersichtlich, deren Semantik bei ansonsten scheinhafter Einhaltung der Regeln pervertiert werde: Die Sprache der Verbrecher besteht in einem Verbrechen an der Sprache. Diese Sprachverbrechen zeichnen sich durch eine bestimmte Gewitztheit aus, uneigentlich und metaphorisch zu sprechen, die Zeichen der normalen Sprache also auf eine andere, heimliche und verborgene Bedeutungssphäre umzulenken. Auffällig seien in diesem Zusammenhang die metonymische Vertauschung von Begriffen menschlicher Körperteile mit tierischen, die Personifizierung von Dingen, der häufige Gebrauch von Fremdwörtern, aber auch der Eingriff in die Wortbildung und gar der Bruch mit der Morphologie, etwa wenn Silben vertauscht oder zusätzlich mit Anspielungen versehen würden. Auch finden sich nach Lombroso in der Verbrechersprache häufig Archaismen und ausgestorbene Wörter. Bezeichnend sei darüber hinaus ein Reichtum an Synonymen in bestimmten semantischen Feldern wie etwa bei den Begriffen »Tasche«, »Trunkenheit«, »Auge«. Auch sei zu bemerken, dass Verbrecher häufig Verneinungen verwendeten, anstatt Tatsachen positiv zu formulieren, woran ihr Hang, alles herabzuziehen, deutlich werde. Aus dieser kreativen Tendenz im Umgang mit der Sprache ergibt sich für Lombroso der Befund, dass Verbrecher durchaus über eine lebendige und rege Intelligenz verfügen können, ihr Seelenleben und Gemüt dagegen arm und unsensibel seien. In diesem Zusammenhang stellt Lombroso den geborenen Verbrecher auch in die Nähe von »Epileptikern« und »Irren«. Lombroso glaubte, in der Verbrecherexistenz eine atavistische Lebensform erkennen zu können, die einen Rückfall in einen vergangenen anthropologischen Zustand der Evolution darstelle. Das Changieren zwischen Witz und Krankheit verweist hier auf einen anderen Topos, der ebenfalls auf Lombroso zurückgeht, nämlich die Verwandtschaft von »Genie und Irrsinn« sowie von »Genie und Entartung« – beides Titel von Büchern, die im Umkreis seiner Verbrecherstudie erschienen.

Lombroso schließt seine Phänomenologie des Verbrechens damit, dass er dieses mit einer notwendigen Naturerscheinung vergleicht, die als eine Lebenstatsache der Geburt oder dem Tod ähnele (Lombroso 1894, I: 537). Das Böse wird damit im Sinne des Positivismus verwissenschaftlicht und dingfest gemacht. Es soll sich nunmehr vermessen, wiegen und skalieren – und damit erkennen und erklären lassen. Man kann es nach Lombroso schematisieren, typologisieren und bis ins feinste empirische Detail – seien es spezifische Gangarten oder Grade der Haardichte – nachverfolgen. Zugleich wird damit dem Verbrecher jegliche Freiheit der Entscheidung abgesprochen. Sein Verhalten ist ebenso durch die Natur vorherbestimmt wie andere Naturvorgänge, da »der grösste Theil der Tugenden und der Laster auf Molekular-Veränderungen im Gehirn beruht« (Lombroso 1894, I: XXV) und die Lehre des freien Willens nur »eine von den Feinden der Gedankenfreiheit und von den rechtgläubigen Kirchen vorzugsweise ausgenutzte Lehre« sei (Lombroso 1894, I: XXIX). Aus seinen Untersuchungen schließt Lombroso auf die Notwendigkeit einer Revolution des Strafrechts, das statt von einem »Schuldigen« nun von einem »Kranken« sprechen solle und die Gesetze den natürlichen »Tatsachen« anzupassen habe. Die Gesetze sind nach Lombroso jedoch für die »geborenen Verbrecher« nur insofern zu ändern, als sie keine Gefängnisstrafe mehr vorsähen, sondern stattdessen zum Schutz der öffentlichen Sicherheit eine lebenslängliche Sicherheitsverwahrung.

So unhaltbar Lombrosos Versuch, ein moralisches Verbrechen empirisch zu objektivieren nach heutigen Maßstäben erscheinen mag, hat der italienische Psychiater doch einen Topos geprägt, der bis in die Gegenwart hineinwirkt. Er kommt damit einem menschlichen Bedürfnis entgegen, das Böse als das prinzipiell Andere dingfest, objektiv beschreibbar und damit stigmatisierbar zu machen. Die Schattenseite dieses Objektivierungsversuchs des Bösen lässt sich freilich an seiner fatalen Wirkungsgeschichte im 20. Jahrhundert ablesen. Denn die nationalsozialistischen Sterilisierungs- und Vernichtungsmaßnahmen des angeblich lebensunwerten Lebens von ›Asozialen‹ und ›Geisteskranken‹ konnten sich, vermittelt durch *Die Naturgeschichte des Verbrechens* (1893) des deutschen Psychiaters und Anstaltsarztes Hans Kurella, auf Lombrosos Werk berufen.

Der österreichische Philosoph Peter Strasser hat in seinem Buch *Verbrechermenschen* (1984) Lombrosos kriminalistische und anatomische Semiotik des Bösen in einen größeren Kontext gestellt und daraus zugleich tiefergehende Schlüsse hinsichtlich der öffentlichen Behandlung des Bösen gezogen. Die Kriminologie begreift er als den Versuch, die »Archaik des Bösen durch Wissenschaft zu bannen« (Lombroso 1894, I: 102), und entwickelt eine Kritik des kriminologischen Denkens, welches dazu neige, das Phänomen des Bösen anhand des Verbrechers und Verbrechens zu vergegenständlichen und unter dem Druck positivistischer Vorstellungen von Wissenschaftlichkeit den Typus des Verbrechermenschen allererst zu konstituieren, womit die Tendenz zu seiner Unschädlichmachung einhergehe (Strasser 2005: 8). Damit steht nun nicht länger das Objekt des Bösen im Zentrum, sondern die Bedingungen der Möglichkeit seiner Objektivität, die nicht allein den Verbrecher, sondern auch den Kriminologen und die Kriminologie selbst betreffen.

Das Problem der Verobjektivierung des Kriminellen besteht darin, dass es sich beim Verbrecher stets um ein Subjekt handelt, dem für seine juristische Zurechenbarkeit die Freiheit des Willens unterstellt werden muss. Je nach begrifflichem Rahmen, innerhalb dessen der Verbrecher beschrieben wird, ändert sich sein objektiver Status. Strasser unterscheidet zwischen einer naturalistischen, intentionalistischen und moralischen Betrachtungsweise (Strasser 2005: 19 ff.). Gemäß der naturalistischen Lesart wird der Grund für das Verbrechen nicht mehr in der Schuld des Kriminellen gesucht, sondern vielmehr in den ihn determinierenden Umständen. Er wird so zum bloßen Medium ›böser Ursachen‹. Dieser an Lombrosos Theorie erinnernden Sichtweise entspricht eine Auffassung von Strafe, die den Verbrecher tendenziell als Objekt der Therapie und präventiver Sicherheitsverwahrung versteht. Bei der intentionalistischen Erklärung des Verbrechens steht der Nachvollzug der Motive einer kriminellen Handlung im Zentrum. Es geht also darum, die subjektiven Bewusstseinszustände zu verstehen, die den Täter zu seiner Handlung geführt haben. Moralische Erklärungen dagegen betonen vor allem die Autonomie des Subjekts, die sich in moralischer Zurechenbarkeit manifestiert, und bewerten Handlungen stark normativ, was jedoch in einen Konflikt mit dem deskriptiv verfahrenden wissenschaftlichen Ideal der Objektivität führt.

Angesichts dieser gegenstrebigen Tendenzen der Kriminologie konstruiert die Disziplin Strasser zufolge in der Figur des Psychopathen ein paradoxes Objekt, das einerseits durch und durch pathologisch strukturiert ist, jedoch andererseits zugleich im normativen Sinne zum Inbegriff des Bösen wird (Strasser 2005: 17, 161 f.). Dieses Zwitterwesen ist eine Konsequenz des Versuchs, das Böse sowohl naturalistisch im Sinne Lombrosos wie auch als im freiheitstheoretischen Sinne verantwortlich zu begreifen. Beide Tendenzen sind aber in ihrer Verabsolutierung gleichermaßen problematisch:

»Wer davon besessen ist, im Bösen einen Sinn zu finden, der wird ihn auch dort noch aufstöbern, wo es ihn gar nicht gibt. Wem das Böse erträglich erst wird im Vollzug seiner Dehumanisierung, dem wird sich alles, was er als böse erlebt, in Naturwüchsiges verwandeln (in den Ausfluß von ehernen Gesetzen der menschlichen Natur, von gesellschaftlichen ›Verhältnissen‹, von seelischen Defekten).« (Strasser 2005: 176f.)

Das Dilemma beider Perspektiven lenkt den Blick zurück vom Objekt der Kriminologie zum Subjekt ihres Erkenntnisinteresses. Denn beide Male ist es der Kriminologe, der sich selbst von dem Bösen unterscheiden muss, insofern er es nur als ihm Äußerliches erkennen kann, weil es ihm sonst zum bloßen Konstrukt eigener Abwehrmechanismen gerät. Strasser plädiert deshalb für eine kritische Kriminologie des Bösen, die die eigene Subjektivität im Erkennen und Konstruieren der Objekte mitreflektiert.

Ein wesentlich differenzierteres Bild von Verbrechern und Verbrechen als der wissenschaftliche Positivismus, für den Lombroso steht, liefert die moderne forensische Psychiatrie, die »in der Schnittmenge zwischen Psychiatrie, Psychologie, Neurowissenschaften, Biologie, Sozialwissenschaften, Kriminologie, Polizeiwissenschaft und Strafrecht« angesiedelt ist (Saimeh 2012: 8). Durch das interdisziplinäre Herangehen soll einerseits sichergestellt werden, dass der Täter nicht einseitig pathologisiert und damit ausschließlich als determiniertes Objekt erfasst wird, andererseits aber auch, dass er nicht als bloßes Monster entmenschlicht wird. Die forensische Psychiatrie versucht, die Motive und Kontexte eines Verbrechens zu klären und vor diesem Hintergrund eine möglichst objektive Einschätzung der individuellen Schuld zu geben, die sich dann in einem bestimmten Strafmaß niederschlägt.

In ihrem Buch *Jeder kann zum Mörder werden* (2012) stellt die forensische Psychiaterin Nahlah Saimeh verschiedene Kriminalfälle dar, anhand deren sichtbar wird, dass böse Taten »im Grunde *zutiefst menschlich*« (Saimeh 2012: 11) und gerade deswegen so bedrückend sind. Saimeh spricht in diesem Zusammenhang die Vermutung aus, dass es gerade das unauffällige Mittelmaß sein könnte, aus dem eine besondere Energie und die Möglichkeit erwachsen, ungestört böse Handlungen vorzubereiten, um sie dann wie aus dem Nichts zu verwirklichen (Saimeh 2012: 242). Die Motive auch für schwerkriminelles Handeln stellen sich bei genauer Betrachtung häufig als sehr gewöhnlich heraus. Sie umfassen Selbsthass, Eifersucht, Einsamkeit oder Angst und decken damit das übliche Spektrum an Emotionen ab. Einer Tat voran geht der sukzessive Abbau bestimmter Schwellen, bis schließlich moralisch böse Handlungen folgen können. So entscheiden vor allem die spezifisch subjektiven und intersubjektiven Umstände darüber, ob aus bestimmten Motiven heraus ein Verbrechen begangen wird oder nicht. Saimeh wendet sich mit ihrer Beschreibung dieser Mechanismen gegen eine extreme Stigmatisierung und die naturalistische Objektivierung von Kriminellen in der Tradition Lombrosos:

> »Wenn wir begreifen, dass die meisten Straftäter keine andere Kategorie von Menschen sind, sondern sie und wir uns letztlich nur in recht wenigen Teilbereichen voneinander unterscheiden, können wir unseren Blick auf den Menschen insgesamt vervollständigen und Konsequenzen für unsere Gesellschafts-, Sozial- und Kriminalpolitik ziehen. Zugleich verstehen wir, wie alltäglich das Böse ist, dass es keine menschliche Gesellschaft ohne Böses geben wird und warum sich eine Gesellschaft gerade deswegen ihre Menschlichkeit bewahren muss.« (Saimeh 2012: 11)

Aus psychiatrischer Sicht lässt sich Saimeh zufolge – und in einiger Nähe zur philosophischen Perversionstheorie – das Böse als ein aktives Phänomen verstehen, welches eine besondere destruktive Energie entfaltet und in seiner Umgebung lebensfeindlich wirkt:

»Das Böse besteht für mich persönlich in jenem Denken und Handeln, das dem Prinzip des Lebendigen zuwiderläuft. Alles, was Wachstum und Entwicklung behindert, abschneidet, zerstört oder pervertiert. Deswegen nennen wir in der Alltagssprache zum Beispiel auch Krebserkrankungen bösartig, weil sie zwar wuchern und wachsen, aber mit ihrem Wucherprozess das Leben der betroffenen Person bedrohen und allmählich auszehren.« (Saimeh 2012: 252)

Es gibt jedoch Fälle, in denen eine Schuldfähigkeitsprüfung zu dem Ergebnis gelangt, dass der Täter nicht oder nicht vollständig für seine Tat zur Verantwortung gezogen werden kann. Nach § 20 des deutschen Strafgesetzbuchs (StGB) handelt ohne Schuld, »wer bei Begehung der Tat wegen einer krankhaften seelischen Störung, wegen einer tiefgreifenden Bewußtseinsstörung oder wegen Schwachsinns oder einer schweren anderen seelischen Abartigkeit unfähig ist, das Unrecht der Tat einzusehen oder nach dieser Einsicht zu handeln«. Unter einer »krankhaften seelischen Störung« wird dabei eine hirnorganische Schädigung oder etwa eine Psychose verstanden. Eine »tiefgreifende Bewusstseinsstörung« ist dagegen nicht psychopathologisch oder organisch bedingt, sondern liegt dann vor, wenn durch emotionale Verwirrung etwa infolge erhöhten Alkoholkonsums die Hemmschwelle für Gewaltdelikte stark gesenkt ist. Unter »Schwachsinn« versteht das StGB eine »angeborene Intelligenzminderung«, wobei der individuelle Intelligenzquotient als Gradmesser der Schuldunfähigkeit herangezogen wird. Zur »schweren anderen seelischen Abartigkeit« zählen u.a. schwere Psychopathien sowie Triebstörungen.

Wie aber können Verbrechen vermieden und Verbrecher wieder auf den rechten Weg gebracht werden? Saimeh plädiert aus therapeutischer Sicht dafür, an zwei Punkten anzusetzen, nämlich der psychologischen Selbstwertstabilisierung und der neurophysiologischen Impulskontrolle (Saimeh 2012: 256). Außerdem schlägt sie vor, die absolute kriminologische Unterscheidung von Täterobjekt und Kriminologensubjekt weiter zu vermitteln:

> »Destruktives Handeln ist dem Menschen als Möglichkeit eigen. Das werden wir nicht verändern, weil wir den Menschen als solchen nicht verändern. Wir sind so. Und gerade weil wir so sind, weil wir aus diesem Holz geschnitzt sind und uns nur in feinlinigen Maserungen unterscheiden, müssen wir in der Lage sein, auch in jenen, die abscheuliche Taten begangen haben, den Menschen zu erkennen – und damit folglich uns selbst.« (Saimeh 2012: 254)

Saimeh wendet sich grundsätzlich gegen eine Dämonisierung und Entmenschlichung von Verbrechern. Die Erkenntnis oder Erklärung der Gründe für eine böse Tat ist jedoch nicht automatisch mit einer Entschuldigung gleichzusetzen. Ein derartiges ›Verständnis‹ für eine Tat zu entwickeln, ihre Motive zu beleuchten und nachzuvollziehen bedeutet nicht, diese Tat auch gutzuheißen. Saimeh plädiert deshalb für eine enge Kooperation von Psychiatrie und Psychotherapie, um die Entwicklung von Menschen zu Gewalttätern sowie ihre potenziellen Handlungen bereits im Vorfeld zu erkennen und diese Menschen entsprechend zu behandeln. Gleichwohl gesteht sie ein, dass damit die prinzipielle Anfälligkeit des Menschen für böse Handlungen – sein ›Hang zum Bösen‹ – nicht überwunden ist.

6.2 Böse Ideologien

Das Phänomen des Bösen lässt sich nicht nur in einer individuellen Perspektive analysieren, sondern aus einem politik- und sozialwissenschaftlichen Blickwinkel auch am Beispiel von Gesellschaften. Dabei geht es zumeist um Feindbildkonstruktionen und Gewalteskalation, die ideologisch motiviert sind. Ideologien können als normative gedankliche Systeme eine ganz eigene Form des Bösen darstellen, indem in ihnen die Erzeugung von scheinhaften Ordnungen, die eine extreme Konsistenz besitzen und sich derart gegen die Umwelt immunisieren, besonders eklatant zutage tritt. Empirisch sind solche Konstrukte, die stets zugunsten eines vermeintlich höheren Zwecks gerechtfertigt werden, häufig nicht widerlegbar. Als alleiniges Kriterium gilt hier die Konsistenz eines normativen Denksystems, welches sich nicht mehr an der Realität messen muss, sondern sich die Realität gerade unterwerfen will. Derartige Effekte ›bösen Denkens‹ haben sich im 20. Jahrhundert vor allem in den ideologisch bedingten Massenmorden von Nationalsozialismus, Faschismus und Stalinismus gezeigt. Im 21. Jahrhundert kehrt dieses Phänomen in Gestalt des Terrorismus, aber auch von regionalen, globalen und sozialen Feindbildkonstruktionen zurück.

In ihrer Schrift über *Elemente und Ursprünge totaler Herrschaft* (1951) hat Hannah Arendt, noch bevor sie ihre These einer »Banalität des Bösen« entwickelte, Ideologien wie den Antisemitismus, den Imperialismus und das Phänomen der totalen Herrschaft analysiert. Von besonderem Interesse ist für sie dabei die Person des Führers, der der totalitären Herrschaft ihre normative und ideologische Einheit verleiht. Diese Einheit besteht in der vollständigen Verantwortlichkeit des Führers für alles, was innerhalb des Systems geschieht, eine Konstruktion, die es nach Arendt den untergeordneten Funktionären erlaubt, ihre individuelle Verantwortung an einen einzigen Willen zu delegieren und sich ihr so systematisch zu entziehen. Diese im wahrsten Sinne des Wortes ›verantwortungslose‹ Praxis ermöglicht es, dass Menschen in großer Zahl systemkonform und gegen die moralische Ordnung handeln, ohne dafür Rechenschaft ablegen zu müssen. Zudem äußert sich die »totalitäre Methode« darin, dass die Führung den Funktionären des Systems keine Gründe für ihr Handeln nennt, so dass als einziges Subjekt der Handlung die Willkür des Führers oder das System als Ganzes gelten kann (EU, 591). Das totalitäre System hat fatale Konsequenzen insofern, als in ihm die Handlungssubjekte ihre Verantwortlichkeit an eine Instanz abgeben, deren Handeln selbst nicht mehr rationalen Standards der Kontrolle genügen muss. Es erzeugt die Illusion einer universalen Verantwortungslosigkeit, die systematisch, ideologisch und pragmatisch gerechtfertigt erscheint.

Ein derartiges Verantwortungsvakuum des totalitären Systems ermöglicht nach Arendt erst die Einrichtung von Konzentrations- und Vernichtungslagern sowie den extrem gewaltsamen Umgang mit seinen Opfern. Während gewöhnliche Verbrecher etwa Morde begehen, in deren Folge die Erinnerung an das Opfer nicht erlischt, wird in totalitären Systemen das Opfer entpersonalisiert und von jeglicher Erinnerungsbeziehung abgeschnitten. Arendt bezeichnet diese Form der systematischen Entpersonalisierung in Abwandlung von Kants Begriff als das »radikal Böse«. Es erschafft einen Zustand, »in dem Tod wie Leben gleich wirksam verhindert werden« (EU, 683). Dieses radikale Böse kann nach Arendt weder einer vernünftigen Strafe zugeführt werden, noch lässt es sich vergeben, eben weil es sich der Struktur des gewöhnlichen Begriffs des Bösen entzieht, welcher ein verantwortliches Subjekt innerhalb eines Lebenskontextes voraussetzt, in dem sich Menschen begegnen. Das radikal Böse, das aus der Systemfunkton totaler Herrschaft entspringt, ist deswegen nicht mit personal gebundenen Motiven wie Eigennutz, Habgier, Neid oder Ressentiment zu erklären und auch nicht mit juristischen Kategorien zu fassen. Ein menschliches Verhalten ist ihm gegenüber deshalb nicht möglich (EU, 701). Das radikal Böse in dem von Arendt analysierten Systemzusammenhang sprengt alle Dimensionen des Vorstellbaren und hat in der Geschichte der Philosophie keine Entsprechung, weil es die Grenzen der Vernunft transzendiert. Sein Fluchtpunkt ist ein System, »in dem alle Menschen gleichermaßen überflüssig werden« (EU, 702). Diese Entmenschlichung zeigt sich nicht nur an den Opfern, sondern auch an den Tätern, die alle menschlichen Eigenschaften abstreifen und die Verantwortung für ihr Handeln an ein ideologisches System delegieren. Die Menschheit macht sich nach den Worten Arendts in diesem totalitären System selbst überflüssig.

Arendt bestimmt das »Wesen« des totalitären Systems angesichts des von ihm produzierten radikalen Bösen als »Terror«, der die Freiheit der Menschen durch ein »eisernes Band« ersetzt (EU, 711). Dieser Terror unterscheidet sich von allen Formen der Tyrannenherrschaft, insofern er nicht von einer einzelnen Person ausgeübt wird, sondern sich in systembedingter Anonymität vollzieht. Dieser apersonale Raum des Terrors ist gesetzlos und so verfasst, dass er menschliche Freiheit unmöglich macht. Individuelle menschliche Freiheit – und damit Verantwortlichkeit – wird zugunsten eines größeren Ganzen aufgegeben, das im Vollzug angeblich zwangsläufig verlaufender geschichtlicher und natürlicher Prozesse besteht. Individualität von Personen hat vor dem Hintergrund dieser transsubjektiven Notwendigkeit keine Berechtigung mehr, sondern wird zugunsten eines Einheitssubjekts – der totalitären Herrschaft – aufgegeben.

Dem radikal Bösen, wie Arendt es beschreibt, liegt demnach die böse Ideologie zugrunde. Diese bestimmt Arendt als ein Instrument der Berechnung. Die Keimzelle einer jeden Ideologie besteht in einer Logik, die nicht abstrakt bleibt, sondern Anspruch auf absolute geschichtliche Deutungshoheit erhebt, und zwar so, dass sie sich gegen eine empirische Widerlegung vollständig immunisiert (EU, 718). Diese Immunisierung erfolgt durch ein geschlossenes Denksystem, welches vorgibt, aus unverrückbaren ideologischen Prämissen den Lauf der Geschichte folgerichtig ableiten und erklären zu können. In der Ideologie zeigt sich eine Form des Scheins, die prinzipiell nicht korrigiert oder aufgelöst werden kann, so dass sich die in sie verstrickten Mitläufer mangels objektiver Korrektive immer tiefer in das ideologische System hineinbegeben und sich radikalisieren. Arendt bezeichnet diese Struktur als »Tyrannei des zwangsläufigen Schließens«, welches dazu führt, dass sich Menschen mit einem totalitären System gleichschalten und jede Form abweichender Individualität und Spontaneität unterdrücken (EU, 723).

Die Faszination, die von solch geschlossenen Ideologien auf viele Menschen ausgeht, erklärt Arendt mit ihrer schlichten Logik, die die unübersichtliche Welt der Moderne mit einem Mal als verständlich und berechenbar erscheinen lässt. Die Denkweise, die der Ideologie entspricht, gleicht wiederum dem gedanklichen Mechanismus, den Kant als »Vernünfteln« charakterisiert hatte. Arendt spricht von der »nie versagenden Folgerichtigkeit eines ganz abstrakten logischen Räsonierens«, welches die Menschen vor dem »Schock des rein Tatsächlichen« schützt (EU, 724).

Arendts Diagnose des totalitären Bösen hat auch im 21. Jahrhundert nichts von ihrer Aktualität eingebüßt. Neu sind hingegen die veränderten medialen Bedingungen, unter denen Ideologien sich verbreiten und durch deren geschickte Nutzung totalitäre Systeme wesentlich flexibler agieren, so dass sie nun nicht mehr an staatliche oder territoriale Grenzen gebunden sind. Auch finden Ideologien ihren Ausdruck nun immer mehr in hochsymbolischen Akten von Gewalt und Aggression. Besonders deutlich machen dies die Anschläge vom 11. September 2001 auf das World Trade Center, deren Symbolik zum Bestandteil einer dramatischen Inszenierung wurde. Das »abstrakte logische Räsonieren«, welches Arendt als Charakteristikum des totalitären Denkens identifiziert hat, transformiert sich in einem Terrorismus, der die mediale Präsenz sucht, immer mehr zu einer Ästhetik des Bösen.

6.3 Böse Naturen

Befeuert durch neurowissenschaftliche und evolutionstheoretische Forschungen sind in den letzten Jahren zahlreiche Versuche unternommen worden, das Phänomen des Bösen zu naturalisieren und ihm auf diese Weise seine Aura des Unerklärlichen zu nehmen. Der an der Columbia University lehrende forensische Psychiater Michael Stone etwa vertritt in seinem Buch mit dem Titel *The Anatomy of Evil* die These, dass »the grand map of evil will, through scientific inquiry, be rendered smaller with each succeeding generation«, auch wenn er einschränkend bemerkt: »To demystify evil altogether would be much too ambitious a task.« (Stone 2009: 9) Dieser These liegt die Auffassung zugrunde, dass sich das Böse als ein Objekt verstehen lasse, das nach wissenschaftlich präzisen Methoden untersucht und seziert werden kann. Das Phänomen des Bösen schränkt Stone dabei auf Menschen ein, deren Taten und Motive sein Untersuchungsfeld definieren. Er führt vier Kriterien an, durch die sich der Begriff des Bösen bestimmen lassen soll:

»For an act to be evil
1. it must be breathtakingly horrible;
2. malice aforethought (evil intention) will usually precede the act;
3. the degree of suffering inflicted will be wildly excessive;
4. the nature of the act will appear incomprehensible, bewildering, beyond the imagination of ordinary people in the community.« (Stone 2009: 22)

Zum Zweck einer ›Demystifizierung‹ des Bösen hat Stone in der mehrteiligen Fernsehserie *Most Evil*[10] einen quantitativen Begriff des Bösen entwickelt, der sich in distinkte Stufen unterteilen lässt und zugleich eine Skala der Eskalation beschreibt. Insgesamt unterscheidet Stone 22 Kategorien, die von Tötungen aus Selbstverteidigung (Kategorie 1) über Morde aus Motiven wie Eifersucht (Kategorie 2), Unbeherrschtheit (Kategorie 3) und nichtpathologischem Narzissmus (Kategorie 7) immer weiter ins Pathologische fortschreiten – kaltblütige Massenmorde (Kategorie 15), Sexualmorde (Kategorie 16) und schließlich primär durch das Leid des Opfers motivierte Foltermorde (Kategorie 22). Ein jedes Phänomen des Bösen – so legt es uns dieses Ordnungsschema nahe – kann mehr oder weniger eindeutig klassifiziert werden.

Kann aber der Grad an Bösartigkeit das Böse erklären? Oder beschreibt das Kategoriensystem nicht vielmehr nur die Phänomene, also die Oberfläche des Bösen, dessen tieferer Kern sich dahinter gerade verbirgt? Und ist der Gipfel des Bösen am Ende nicht vielmehr Anzeichen eines größtmöglichen pathologischen Defekts, also gerade nicht mehr der freien Entscheidung des Akteurs zuzuschreiben und dadurch ›verständlich‹ zu nennen? Je weiter wir in diesem Kategoriensystem voranschreiten, je böser die Tat, desto unfreier und defektiver erscheint das handelnde Subjekt. Ist also nicht im Grunde der Maßstab der Kategorien ein falscher, sollte man den quantitativen Maßstab mithin nicht eher durch einen qualitativen ersetzen, der im Bösen eine bestimmte Äußerung der reflexiven Freiheit erblickt? So bliebe jede einzelne Tat zurechenbar und damit prinzipiell verständlich. Der Versuch der modernen Naturwissenschaften, das Böse in den Griff zu bekommen und zu objektivieren, führt in letzter Konsequenz dazu, dass das qualitativ-verständliche Böse als *malum morale* zum Verschwinden gebracht wird und nur ein *malum physicum* als quantitativ-messbares Korrelat übrig bleibt.

Stone fokussiert nicht nur auf die Täterperspektive, sondern berücksichtigt auch die Reaktion der Gesellschaft auf bestimmte Gewalttaten. Für die Bezeichnung einer Tat als »böse« kommt es seiner Ansicht nach nicht nur auf die Art und Weise der

»bösen« Handlung an, sondern auch auf die Eigenschaften des Opfers und seine Bedeutung für die Öffentlichkeit. Stone führt eine Reihe von Gewalttaten an verschiedenen Opfertypen an, die gemeinhin als besonders bösartig gelten wie etwa die Tötung von Kindern und älteren Menschen, aber auch von berühmten Persönlichkeiten sowie Massenmorde in Krankenhäusern.

Im Zuge der Entwicklung seiner Anatomie des Bösen geht Stone freilich nicht so weit, eine naturalistische Kausalkette zu konstruieren, die von basalen biologischen Zuständen geradewegs zur bösen Handlung führt. Vielmehr gelte: »It is a long and tortuous road from enzymes to evil.« (Stone 2009: 326) Ein solcher Weg ist nicht berechenbar. Vielmehr entstehen böse Handlungen aus einem Zusammenspiel zahlreicher innerer und äußerer Faktoren. Das Böse verortet Stone im Schnittbereich von antisozialer Persönlichkeit, Psychopathie, Sadismus und schizoider Persönlichkeit. Biologisch wirksam sind ihm zufolge ungünstige genetische Dispositionen, Abnormalitäten des Frontalhirns und des limbischen Systems, aber auch von Neurotransmittern. Im Hinblick auf die Psyche des Täters muss sich dazu noch ein signifikanter Mangel an Mitleidsfähigkeit und Narzissmus gesellen, aber auch eine besonders ausgeprägte Form evolutionär bedingter Aggressivität. Nicht zuletzt aber spielt nach Stone das soziale Umfeld bei der Herausbildung einer Täterpersönlichkeit eine große Rolle.

Das Phänomen des Bösen wird auch von der Evolutionsbiologie thematisiert. Der österreichische Biologe und Wissenschaftstheoretiker Franz Wuketits etwa hat es in Anknüpfung an Konrad Lorenz vor dem Hintergrund der besten Überlebensstrategien in der Natur interpretiert. Auch wenn die Natur selbst nicht gut oder böse genannt werden kann, so gebe es doch bestimmte Verhaltensweisen, die tendenziell in eine böse Richtung weisen, wobei hier in erster Linie der Egoismus gemeint ist, während altruistische Verhaltensweisen ›gut‹ genannt werden können. Heute als moralisch gut geltende Handlungen und Verhaltensweisen wie Nächstenliebe und Selbstaufopferung lassen sich evolutionär auf ein Überlebensprinzip zurückführen, welches als solches moralisch indifferent ist (Wuketits 1993: 237). Jedes moralische Verhalten ist damit seiner Entstehung nach ursprünglich natürlich determiniert. Wuketits geht so weit, dass er die Moral als »biologische Kategorie« fasst, die als solche nur stammesgeschichtliche Erklärungskraft besitze und unabhängig von ihrem evolutionären Kontext nur ein »Luftschloss« sei (Wuketits 1993: 10). Eine solche rein evolutionstheoretische Betrachtung des Bösen entspricht in letzter Konsequenz einer naturalisierten Version von Nietzsches genealogischer Kritik der Moral. Sie verharrt in einem Relativismus und Reduktionismus, der als solcher das Phänomen des Bösen nicht verständlich machen, sondern es allein anhand der Kategorien »schädlich« und »nützlich« beurteilen kann.

Aus historischer Perspektive hat sich der Experimentalpsychologe Steven Pinker der Geschichte der menschlichen Gewalt angenommen (Pinker 2011). Seine Betrachtungen beziehen kognitionswissenschaftliche, neurowissenschaftliche sowie sozial- und evolutionspsychologische Erkenntnisse ein. Pinker vertritt die optimistische Auffassung, dass die Gewalt global gesehen im Laufe der letzten Jahrtausende immer weiter zurückgegangen sei und die gegenwärtige Zeit die friedlichste Epoche in der Geschichte der Menschheit darstelle. Dabei identifiziert er sechs Trends, die eine historische Abfolge bilden und sukzessive zu einer gewaltloseren Welt geführt haben. Den ersten Trend erblickt Pinker im Übergang vom Naturzustand der Jäger und Sammler zu sesshaften und städtisch geprägten Hochkulturen mit Rechtsordnungen vor 5000 Jahren. Den zweiten Trend verortet Pinker im Übergang vom Spätmittelalter zur Herausbildung von Feudalstaaten – ein Zivilisationsprozess, in dessen Zuge ein signifikanter Rückgang der Mordquote zu beobachten sei, der auf den Ausbau rechtlicher und ökonomischer Infrastruktur zurückgehe. Ein dritter Faktor der zunehmenden Gewaltlosigkeit kann in der geistigen Strömung der Aufklärung im 18. Jahrhundert erblickt werden. Im Zuge der Durchsetzung aufklärerischen Denkens wurde das Strafsystem modifiziert, und es werden Züge eines globalen Pazifismus sichtbar. Ebenso erkennt Pinker in der langen Friedenszeit nach dem Zweiten Weltkrieg einen Fortschritt hin zur Gewaltlosigkeit, der durch die *Allgemeine Erklärung der Menschenrechte* von 1948 seinen Ausdruck finde. Speziell nach dem Ende des Kalten Krieges macht Pinker einen Rückgang von Bürgerkriegen, Völkermord und Terrorismus aus.

Diesen Trends der Gewaltlosigkeit stellt er schließlich »fünf innere Dämonen« gegenüber, mit denen er Mechanismen bezeichnet, die für die Eskalation von Gewalt ursächlich sind. Pinker wendet sich in diesem Zusammenhang gegen eine Auffassung von Gewalt, wonach sich ein anthropologischer Aggressionsdrang in bestimmten Phasen als Tötungsinstinkt entladen müsse. An die Stelle dieses quasi-mechanischen Modells tritt bei ihm eine differenziertere Auffassung: Er unterscheidet zwischen fünf psychologischen Faktoren und Motiven, die das Zustandekommen von Gewalt erklären: räuberische und ausbeuterische Gewalt zur Durchsetzung individueller Ziele, Herrschaftsstreben als Drang nach Autorität, Rache als Motiv der Vergeltung und Sadismus als Lust am Leiden anderer Lebewesen sowie Ideologien als normative und quasi-religiöse Rechtfertigungssysteme für extreme Formen von Gewalt zum Zwecke der Realisierung eines utopischen Weltzustands. Das Gegenstück zu diesen anthropologischen Motiven der Gewalt bilden bei Pinker »vier bessere Engel«. Diese bezeichnen Faktoren, welche die Entstehung von Gewalt vermeiden können. Dabei handelt es sich um Empathie als Vermögen des Mitgefühls, Selbstbeherrschung als Vermögen der Impulskontrolle, Moralgefühl als verbindliches System der Ordnung menschlichen Handelns sowie Vernunft als Vermögen der Reflexion und Selbstverortung. Pinker ergänzt diese anthropologischen Anlagen noch durch »fünf historische Engel«, die außerpsychologische Entwicklungstrends der neueren Geschichte bezeichnen und noch weiter zur systematischen Reduzierung von Gewalt beitragen können. Dies sind nach Pinker Staatsgewalten, die Kollektivinteressen durch ein stabiles Rechtssystem und Exekutivorgan vertreten, wirtschaftliche Kooperation, die durch ›Win-win‹-Verhältnisse gleichberechtigten Nutzen erzeugt, ohne auf Kosten von Dritten zu gehen, Prozesse der Feminisierung und die höhere Gewichtung von weiblichen Interessen sowie die Entstehung eines Weltbürgertums durch internationale Vernetzung bzw. die Ausdehnung rationaler Standards und die Einsicht in die Entstehung von Gewalt.

Für das Böse als Freiheitsphänomen hat eine psycho-historische Betrachtung des Bösen, wie Pinker sie unternimmt, freilich nur begrenze Aussagekraft. Gerade die Geschichte des 20. Jahrhunderts zeigt, dass verbesserte Fähigkeiten etwa im Bereich der Technik und neue Gesellschaftsordnungen die Individuen für bestimmte Formen der Gewalt anfällig machen können. Ja, es scheint sogar so zu sein, dass gerade die Aufklärung besonders grausame Formen von Gewalt mit sich bringen kann. Die Geschichte der Menschheit als eine Geschichte des Fortschritts der Vernunft schließt die Entstehung radikaler Ideologien und einer pervertierten instrumentellen Rationalität ein, denn gerade die Rationalität ist nicht davor gefeit, für unmoralische Zwecke missbraucht zu werden. Um das Gute zu befördern, muss deshalb eine Form von Rationalität entwickelt werden, welche die der Vernunft inhärente Tendenz zur Instrumentalisierung als Mittel zu einem Zweck auf der einen und der Ideologisierung als geschlossenes, maximal kohärentes Denksystem auf der anderen Seite immer schon kritisch reflektiert.

6.4 Böse Gehirne

Der Psychologe Hans Markowitsch geht in seinem Versuch, das Böse zu verstehen und zu entmystifizieren, noch einen Schritt weiter als Michael Stone und begibt sich in seinem Buch *Tatort Gehirn* auf die »Suche nach dem Ursprung des Verbrechens« (Markowitsch/Siefer 2007). Zunächst stellt er fest, dass das Böse als Problem in der Wissenschaft keine Rolle mehr spiele, selbst nicht im Strafrecht, weil es allenfalls auf eine Fehlfunktion im Gehirn zurückzuführen sei. In diesem Sinne prophezeit er die Entstehung einer Neuro-Kriminologie, die zur Wahrheitsfindung und Bestimmung des Strafmaßes mittels Hirnscannern beitragen könne.

Ist es aber wirklich so, dass das Böse durch naturwissenschaftliche Forschung *erklärt* werden kann, etwa indem anhand von Gewaltbildern die reduzierte Hirnaktivität von Probanden gemessen und diagnostiziert wird? Wird es dadurch nicht vielmehr zu einem *malum physicum* herabgestuft, welches der freien Person nicht mehr zugerechnet werden kann, sondern nur noch als Defekt oder Defizit zu verstehen ist, das es zu beheben gilt?

Diesen Schluss haben in jüngster Zeit Hirnforscher und Neurowissenschaftler wie Gerhard Roth gezogen, aber auch Rechtswissenschaftler wie Grischa Merkel. Aus den Befunden der Prädetermination unseres Willens folgern beide, dass diese eine Reform des Strafrechts erforderlich mache, weil § 20 StGB die Freiheit der Wahl zwischen Alternativen voraussetze (Merkel/Roth 2010: 47). Konkret setzt Roth bei den Erkenntnissen der Neurowissenschaften an. Er argumentiert dafür, dass bewusste Entscheidungen, die die Freiheit des Willens nahelegen, tatsächlich durch vorbewusste Vorgänge in tieferen Hirnregionen wie dem limbischen System und der Amygdala vorherbestimmt seien. Der Willensbildungsprozess einer Person liege damit nicht in ihrer Freiheit, sondern sei von verschiedenen Faktoren abhängig, die gerade nicht in ihrer Hand lägen. So wiesen etwa aggressive Gewaltverbrecher eine verminderte Aktivität des Frontalhirns auf, aber auch physiologische Veränderungen hinsichtlich ihres Serotoninspiegels. Zusammen mit exogenen psychosozialen Einflüssen wie frühkindlicher Gewalterfahrung steige damit die Gefahr eines chronisch aggressiven und gewalttätigen Handelns. Einige dieser Defekte lassen sich nach Roth durch negative Umwelteinflüsse erklären, die sich nicht dem individuellen Willensentschluss der Person verdanken und dieser insofern nicht zugerechnet werden können (Merkel/Roth 2010: 50).

Im Gegensatz zu Lombrosos Forderung einer lebenslänglichen Sicherheitsverwahrung von ›geborenen Verbrechern‹ plädiert Roth jedoch für eine Modifikation des Strafrechts und für therapeutische Maßnahmen, mit deren Hilfe die Defizite eines entsprechend disponierten Gehirns beseitigt werden sollen. Dadurch werde nicht die gesamte Rechtsordnung infrage gestellt, sondern nur eine Sanktionierung von Rechtsbrüchen vorgenommen, die ohne das Schuldprinzip funktioniere, den Täter jedoch in die Pflicht nehme:

> »Was dadurch bewirkt werden soll, ist nichts anderes als eine Verhaltensveränderung, die ohne eine Persönlichkeitsveränderung nicht vorstellbar ist. Das kann einen sehr schmerzhaften Prozess bedeuten, weil es vom Täter verlangt, dass er versteht, was er dem Opfer an Verletzung zugefügt hat. In aller Regel bagatellisieren Täter dies und schützen so sehr effektiv ihr Selbstbild, wodurch sie selber in einem emotionalen Gleichgewicht bleiben.« (Merkel/Roth 2010: 53)

Kritisch zu fragen ist hier allerdings, ob neurowissenschaftliche Befunde überhaupt aussagekräftig genug sind, um komplexe Prozesse von Willensbildung angemessen zu erfassen. Zwar mag es richtig sein, dass viele unserer Handlungen hochgradig automatisiert sind und nicht der bewussten Kontrolle unterliegen. Aber gerade im Falle von juristisch besonders relevanten Straftaten wie Mord aus Heimtücke nach § 211 StGB, dessen besonderes Tatmerkmal das bewusste Ausnutzen der Wehrlosigkeit des Opfers darstellt, ist davon auszugehen, dass diese nicht impulsiv oder unkontrolliert geschehen, sondern in der Regel einen längeren Prozess der Willensbildung voraussetzen, der hohe Konzentration, Rationalität und die Einnahme anderer Perspektiven – zumal jener des Opfers – erfordert; nicht zuletzt, um dieses bewusst zu täuschen. Ein solcher Prozess der Verfolgung eigener Absichten bietet jedoch immer wieder die Möglichkeit, sich von bereits gefassten Entschlüssen zu distanzieren oder diese zumindest im Lichte neuerer Erfahrungen und Perspektiven – auch unter Einbeziehung anderer Personen – zu modifizieren. Eine rein naturalistische und neurowissenschaftliche Betrachtung kann also der Komplexität der Genese heimtückischer Handlungen nicht gerecht werden, setzen doch gerade besonders böse Handlungen eine längere Planung und weitergehende Reflexion voraus.

Aus der Perspektive eines »evolutionären Humanismus«, der geistes- wie naturwissenschaftliche Erkenntnisse miteinander vereinen will, hat der Philosoph Michael Schmidt-Salomon in seiner Schrift *Jenseits von Gut und Böse. Warum wir ohne Moral die besseren Menschen sind* (2009) im Anschluss an Roth für eine Abschaffung des Strafprinzips plädiert und stattdessen geeignete Therapiemaßnahmen für eine Verbesserung des Verhaltens vorgeschlagen:

> »Wenn man erst einmal die moralische Unterstellung unterlässt, dass sich der Täter anders hätte verhalten können, als er es tat [...], so kann man weit besser mit ihm daran arbeiten, zu verstehen, warum er sich zum Tatzeitpunkt so und nicht anders verhalten hat. Und durch dieses bessere Verständnis kann man auch Voraussetzungen dafür schaffen, dass er sich in ähnlichen Situationen künftig anders verhalten wird.« (Schmidt-Salomon 2009: 286)

Als mögliche Therapiemaßnahme eigne sich eine Form von Empathietraining, in dessen Verlauf die Täter mit ihren Verbrechen konfrontiert werden, damit sie sich in ihre Opfer und das von ihnen erlittene Leid hineinversetzen können. Dagegen erscheine die bisherige Praxis, Täter gezielt ihrer Freiheit zu berauben und in ein Gefängnis zu sperren (was überdies zu einer weiteren psychischen Schädigung führen könne), als eine »ebenso gefährliche wie inhumane Strategie« (Schmidt-Salomon 2009: 287). Vor dem Hintergrund neurowissenschaftlicher Erkenntnisse stelle der Begriff des Bösen insofern letztlich ein Relikt dar, das nicht nur unzeitgemäß, sondern auch gefährlich sei:

> »Das Böse ist eine Wahnidee, die zwar in unseren Köpfen herumspukt, für die wir in der Realität jedoch keine Entsprechung finden. Je genauer wir hinschauen, desto klarer erkennen wir: Gute und böse Menschen gibt es ebenso wenig wie gute und böse Katzen, Elefanten, Regenwürmer oder Delfine.« (Schmidt-Salomon 2009: 9)

Die Kategorie des Bösen stellt dieser Auffassung nach bloß ein »archaisches Denkmuster« dar, das keine eigene Realität besitzt, sondern vielmehr unsere Wahrnehmung systematisch verfälscht. Ein Verzicht auf den Begriff des Bösen würde, so Schmidt-Salomon, den sich dahinter verbergenden »Instinkt der Rache« gegenüber Fremden und vermeintlichen Gegnern unschädlich machen. Eine Diffamierung und Stigmatisierung anderer Menschen mit dem »Signum des Bösen«, die zu einer Eskalation der Gewalt führen kann, wäre damit ausgeschlossen (Schmidt-Salomon 2009: 10). Schmidt-Salomon plädiert deswegen dafür, gerade aus moralischen Gründen auf die Unterscheidung von Gut und Böse zu verzichten, womit ein gänzlich anderer, friedlicher Blick auf die Welt und die Mitmenschen gewonnen werden könnte.

Allerdings trifft diese Kritik nicht den Begriff des Bösen generell, sondern nur eine bestimmte seiner Formen, nämlich eine solche, die nicht auf objektiven Unterscheidungen basiert, vielmehr durch ein spezifisches Machtinteresse motiviert ist. Gerade die Geschichte der Philosophie der Aufklärung – allen voran Kant – zeigt aber, dass es sehr wohl möglich ist, am Begriff des Bösen festzuhalten, ohne der Gefahr dogmatischen oder diffamierenden Denkens zu verfallen. Ein gänzlicher Verzicht auf die Unterscheidung von Gut und Böse, von moralisch tugendhaftem und verwerflichem Handeln, läuft Gefahr, die objektiven und verbindlichen Rahmenbedingungen menschlichen Handelns zu zerstören, was wiederum zur Quelle des Bösen werden kann. Insofern gilt es, einen kritischen Begriff des Bösen zu entwickeln, der gleichermaßen an der Objektivität der Moral festhält, jedoch einseitigen Instrumentalisierungen und Diffamierungen vorbeugt. Dies schließt freilich nicht aus, dass ergänzend zum herkömmlichen Strafrecht neurowissenschaftliche Befunde und neuartige Therapieansätze den Umgang mit Straftätern modernisieren können.

7. Ein kritischer Begriff des Bösen

Das Problem des Bösen bleibt eine offene Frage. Weder haben fortschreitende Aufklärung und Technik es austreiben noch neurowissenschaftliche Erkenntnisse es greifbarer machen können. Und auch unser Denken ist lange nicht davor gefeit, böse Formen anzunehmen. Gerade deshalb ist der Begriff des Bösen jedoch auch mit Vorsicht zu genießen. In einer zu starken Verwendung – als das schlechthin Andere – droht er Menschen als Feinde zu dämonisieren. In einer zu schwachen Verwendung hingegen – als bloßer Defekt – verliert der Begriff seine normative und diagnostische Bedeutung und kann allein natürliche Übel wie etwa hirnorganische Defekte erklären. Beide Male wird das Subjekt des Bösen dabei in letzter Konsequenz zu einem unfreien Objekt degradiert: sei es als ein unwandelbares Wesen oder ein bestimmter ›böser Typus‹, sei es als ein prädeterminiertes Produkt der Evolution. Vor diesem Hintergrund scheint es sich anzubieten, ganz auf den Begriff zu verzichten. In seinem Buch *The Myth of Evil. Demonizing the Enemy* hat der englische Philosoph Phillip Cole denn auch die These vertreten, dass er für säkulare Gesellschaften keine Bedeutung mehr habe und deshalb abgeschafft werden müsse:

»I conclude that the idea of evil is not a philosophical concept, certainly not a psychological one, and not even a religious one. It is a mythological concept that has a role to play in grand narratives of world history.

To describe someone as evil is not to say anything about *them*, but is to place them as victims of a narrative force, as characters in a story in which they play a specific and prescribed role.« (Cole 2006: 23)

Cole bemerkt ferner, dass der Begriff des Bösen in der Regel mit absoluter Gewissheit gebraucht und zugeschrieben werde, ohne dass diese Gewissheit philosophisch weiter reflektiert und in Zweifel gezogen werde (Cole 2006: 4). Tatsächlich hat gerade die zu starke, ja dogmatische Verwendung des Begriffs des Bösen dazu geführt, dass seine moralische Bedeutung in Verdacht geraten ist und mit ihm auch sein Gegenbegriff, das Gute. Eine solche Antwort auf das Problem des Bösen findet sich prominent in der Philosophie Friedrich Nietzsches, der für eine Welt ›jenseits von Gut und Böse‹ plädierte.

Doch ist der Verzicht auf den Begriff des Bösen nicht der einzig mögliche Weg aus dem beschriebenen Dilemma. Vielmehr wird durch die von ihm aufgeworfenen Probleme die Notwendigkeit eines *kritischen* Begriffs des Bösen nur umso virulenter – eines Begriffs, der gleichermaßen der Freiheit des Subjekts gerecht wird, indem er Menschen nicht dämonisiert und naturalisiert, wie er auch nicht in einen moralischen Relativismus führt. Im Rahmen eines solchen Begriffs wäre das Böse nicht als Objekt, sondern als ein Vollzug freier Subjekte zu verstehen, die immer auch die Möglichkeit einer Wandlung zum Guten besitzen und darum gerade nicht wie unveränderliche Gegenstände, Naturen oder Typen behandelt werden sollten.

Wie kann jedoch ein solcher kritischer Weg jenseits von Dämonisierung und Naturalisierung des Bösen genauer aussehen? Das Böse muss gegen die Tendenz seiner Dämonisierung und Verdunkelung weiter *verständlich* gemacht werden, ohne dass damit gemeint ist, dass böse Taten gutgeheißen werden. Dabei empfiehlt es sich, zuerst auf die Verwendungsweise des Begriffs des

Bösen *selbst* zu achten, denn auch diese kann böse sein, insofern das Begreifen selbst eine moralisch zurechenbare Handlung ist. Eine solche Instrumentalisierung zeigt sich besonders dann, wenn mittels des Begriffs andere Menschen generell zu Feinden erklärt und ihnen eine Wandlungsfähigkeit kategorisch abgesprochen wird. Ein kritischer Begriff des Bösen wird dagegen immer auch den Kontext seiner Verwendung mit einbeziehen, also Subjekt und Objekt des Begriffsgebrauchs gleichermaßen als Subjekte der Freiheit anerkennen. Werden derjenige, der den Begriff zuschreibt, und derjenige, auf den er angewendet wird, gleichermaßen als Subjekte der Freiheit verstanden, so kann einer Dämonisierung des Bösen entgangen werden. Schließlich können beide prinzipiell unter den Begriff fallen.

Versteht man das Böse derart als Vollzug der Freiheit, so muss der Blick auch auf zunächst kaum merkliche Handlungen und Motive gelenkt werden, die das extreme Böse gerade in ihrer Unscheinbarkeit ermöglichen. Dies zeigt sich besonders im Phänomen des Vernünftelns, einer im Grunde rationalen Aktivität mit harmlosem Anschein, die jedoch unter Aufbietung von Gründen perversiven Charakter annimmt und in letzter Konsequenz performativ eine Ordnung von Schein erzeugt, wie sie für totalitäre und terroristische Ideologien typisch ist, innerhalb deren sich böse Handlungen *systematisch* als gut oder erlaubt rechtfertigen lassen.

Wie kann das Böse bereits in seinen Anfängen erkannt und verhindert werden? Eine kritische Betrachtung des Bösen wird zu diesem Zweck nicht allein natürliche Zustände, Menschen oder Gesellschaften in den Blick nehmen, sondern die Sprache selbst, genauer: unsere Art und Weise, über das Böse zu sprechen. Denn auch Sprechakte sind Handlungen, die die Welt so strukturieren, dass darin Gewalt und Vernichtung ihren Platz haben. Was diese Gewalt rechtfertigt, ist ein bestimmter, wenn auch falscher Begriff, den wir uns von *dem Bösen* machen und mittels dessen wir andere Menschen zu Feinden erklären. Diese pragmatische Funktion von Begriffen hat der deutsche Literaturwissenschaftler Victor Klemperer in seiner Studie *LTI [Lingua Tertii Imperii] – Notizbuch eines Philologen* (1947) am Beispiel der Sprache des Nationalsozialismus eindrucksvoll herausgestellt. Ein kritischer Begriff des Bösen wird daher nicht nur semantisch objektiv zwischen Gut und Böse unterscheiden, sondern auch in sprachpragmatischer Hinsicht die Verwendung des Begriffs als prinzipiell moralisch signifikant anerkennen. Um der Gefahr einer Naturalisierung des Bösen zu entgehen, sollten wir seine eigene, perversive Realität anerkennen, was bedeutet, nicht nur in seiner privativen Bedeutung vom Un-Moralischen zu sprechen, sondern das Phänomen beim Namen zu nennen. Um die Gefahr einer Dämonisierung zu vermeiden, sollten wir anstelle von essentialistischen Verwendungsweisen wie »dem Bösen« das Attribut »böse« gebrauchen, welches keine Wesenheit fixiert, sondern bestimmte Vollzüge freier Subjekte qualifiziert. Ein kritischer Begriff des Bösen bewirkt insofern, dass der Verwender des Begriffs sich selbst Rechenschaft darüber ablegen muss, ob er nicht im Akt des Begreifens selbst unter den Begriff fällt, was eine Verobjektivierung des Anderen wenigstens erschwert.

Welche Konsequenzen ergeben sich aus einem so verstandenen kritischen Begriff des Bösen für den Begriff des Guten? Auf den ersten Blick scheint das Gute weniger eine Form der Freiheit darzustellen als das Böse, denn dem geläufigen Sinn nach ist es eng mit der Bereitschaft verknüpft, sich dem Interesse der Allgemeinheit unterzuordnen und individuelle Freiheit aufzugeben oder zumindest ihre Beschränkung zu akzeptieren – eine ›Banalität des Guten‹ gewissermaßen. Gut ist nach diesem Verständnis, wer seine Subjektivität so weit zurückzunehmen in der Lage ist, dass er in gesellschaftlichen Belangen nicht ›stört‹, sondern gut ›funktioniert‹. Gegenüber einer solchen privativen Auffassung des

Guten – als Verzicht auf Freiheit – wäre ein Begriff des Guten zu entwickeln, der das Böse in sich aufgehoben hat, insofern das Gute gerade auch in der Entfaltung und Behauptung individueller Freiheit besteht. Ein kritischer Begriff des Guten wird deshalb das Böse als Realität der Freiheit anerkennen und eine gewisse Verwandtschaft zugestehen, insofern das Gute wie das Böse ihre Wurzeln in der Freiheit haben. »Gut« und »böse« bezeichnen damit nicht Freiheit und Unfreiheit, sondern Qualitäten ein und derselben Freiheit eines endlichen Individuums. Ein kritischer Begriff des Guten wird auch die Auffassung vermeiden, wonach das Gute in der bloßen Unterordnung der Individualinteressen unter die Interessen der Allgemeinheit besteht. Es geht beim Guten nicht so sehr um die Unterordnung oder Unterdrückung von Eigeninteressen, sondern um ihren konstruktiven Gebrauch und ihre Entfaltung im Dienste der Allgemeinheit. Ein kritischer Begriff wird das Gute wie das Böse weniger als Objekt, sondern als dynamischen Vollzug der Freiheit verstehen. Das kritische Gute wird ebenso die Möglichkeit des Bösen aus Freiheit anerkennen, doch produziert es in seiner Behauptung von Individualität keinen Schein, sondern trägt vielmehr zur Befestigung eines intersubjektiven kommunikativen Systems bei. Das kritische Gute ist wie das kritische Böse die Form eines freien Vollzugs und der Herausforderung der Welt – nur einmal in konstruktiver, einmal in destruktiver Absicht. Ein kritischer Begriff des Bösen besteht damit letztlich in der *Definition der Freiheit*: nicht im Sinne des Aufweises ihrer Grenze zur Unfreiheit, sondern ihres richtigen und verfehlten Gebrauchs. Zusammen mit dem Begriff des Guten wird die Freiheit so von zwei Seiten her bestimmt und erhält auf diese Weise eine qualitative anstatt einer bloß quantitativen Bedeutung.

Ausblick: Das digitale Böse

Die Digitalisierung betrifft immer mehr unseren Alltag und ist zum selbstverständlichen Teil unserer Lebenswelt geworden. Dies führt nicht zuletzt dazu, dass wir zunehmend durch digitale Medien handeln. Unser herkömmlicher Handlungsbegriff wird durch die Digitalisierung erweitert. Wir handeln nicht nur körperlich, sondern auch virtuell. Und natürlich können unsere digitalen Handlungen, so wie ihre physischen Gegenstücke, nicht nur moralisch gut, sondern auch moralisch böse sein. Drei digitale Phänomene stehen dabei vor allem im Zentrum: das Internet, Computerspiele und künstliche Intelligenz.

Der Informationsethiker Luciano Floridi hat den Begriff des »künstlichen Bösen« geprägt. Er versteht darunter eine dritte Form des Bösen neben natürlichen Übeln wie Krankheiten und Naturkatastrophen (dem *malum physicum*) und moralischen Übeln wie Folter und Mord (dem *malum morale*). Floridi unterscheidet zwischen natürlichen autonomen Akteuren wie Menschen und Tieren, natürlichen heteronomen Akteuren wie etwa Erdbeben, künstlichen heteronomen Akteuren wie Umweltverschmutzung und Verkehrsstau und schließlich jenen künstlichen autonomen Akteuren wie Webbots und Viren, die uns in Zeiten der Digitalisierung besonders interessieren. Eine wesentliche Eigenschaft des künstlich Bösen ist, dass es nicht mehr physisch an einen bestimmten Urheber gebunden ist. Vielmehr löst es sich, einmal in die virtuelle Welt gesetzt, von diesem und entwickelt eine unvorhersehbare Eigendynamik. Das Böse im Raum der Digitalität ist ein virtuelles Böses. Damit ist nicht gemeint, dass das Böse nur eine Simulation oder Spielerei ist. Es ist genauso real wie dasjenige Böse körperlicher Handlungen, das uns in unserer physischen Lebenswelt begegnet, nur eben nicht mehr in gleicher Weise raumzeitlich gebunden und lokalisierbar – und daher nur schwer fassbar.

Betrachten wir das Internet nicht nur als ein Informationsmedium, sondern als einen virtuellen Handlungsraum, so vollziehen sich darin böse Handlungen unmerklicher und anonymer als in unserer physischen Alltagswelt, was dem Scheincharakter des Bösen sehr entgegenkommt. Oft genügt ein einziger Mausklick, um die virtuelle böse Tat zu begehen. Inwiefern kann aber das Internet böse Eigenschaften aufweisen? Eins seiner wesentlichen Merkmale ist, dass es nichts vergisst. Einmal in die virtuelle Welt gesetzte Behauptungen – seien sie nun wahr oder falsch – verschwinden nicht einfach. Sie werden auf verschlungenen Wegen archiviert, konserviert, algorithmisch verarbeitet, manchmal viral geteilt, dadurch potenziert und am Leben gehalten. Verleumdungen können so auf eine Weise ins Internet eingeschleust werden, dass sie dort unauslöschliche Spuren hinterlassen und ihr Opfer dauerhaft in ein schlechtes Licht rücken, dem es nicht entkommen kann. Die Dezentralität des Internets sorgt dafür, dass sich das Böse tarnen und seiner Dingfestmachung entziehen kann, indem es die Spuren seiner Herkunft verwischt. Anonymität oder Pseudonymität werden im virtuellen Handlungsraum des Internets zu einer neuen Lebensform, aber auch zu einer neuen Gefahr. Während in herkömmlichen Medien wie Zeitungen anonyme Leserbriefe oder Beiträge sehr selten veröffentlicht werden, kennt das Internet solche Einschränkungen kaum. Jeder kann im Internet prinzipiell seine Meinung kundtun, sei es auf sozialen Plattformen oder über private Blogs. Anonymität ist deshalb im virtuellen Raum eine zweitschneidige Angelegenheit. Einerseits schützt sie uns in unserer freien Meinungsäußerung. Andererseits ermöglicht sie es, Fake News, also gezielte Falschinformationen und Verleumdungen in die digitale Welt zu setzen, wo sie sich wahl- und ziellos verbreiten können. Einmal in die virtuelle Welt entlassene Informationen können beliebig kopiert und geteilt werden, so dass sie sich wie ein Lauffeuer verbreiten. Doch im Gegensatz zu einem physischen Lauffeuer, welches irgendwann einmal erlischt, geistern Fake News als Spuren eines virtuellen Lauffeuers im Internet auch noch nach langer Zeit herum.

Das virtuelle Böse verkleinert, verengt und irritiert den virtuellen Handlungsraum. Verstehen wir das Internet als einen solchen Handlungsraum, so ist insbesondere das Darknet ein möglicher Kandidat des digitalen Bösen. Denn darin kapseln sich Intranetze ab und verkleinern damit den virtuellen Handlungsraum. Das Darknet ist der Tendenz des Internets, sich zu erweitern und mit anderen Inhalten zu vernetzen, genau entgegengesetzt und erscheint so als ein Schattenraum. Hier stellt sich die Frage, ob alle virtuellen Handlungen, sofern sie im Darknet erfolgen, bereits als solche unmoralisch sind, indem nämlich das Darknet insgesamt einen Raum des Unmoralischen eröffnet.

Betrachten wir den zweiten Großbereich der digitalen Lebenswelt: Computerspiele. Inwiefern ist das Töten unschuldiger Personen im Computerspiel böse zu nennen, wenn dabei doch niemand wirklich zu Schaden kommt? Wir können mit Blick auf Computerspiele vom »simulierten« oder »fiktiven Bösen« sprechen. Diese Form des Bösen ist nicht mit dem wirklichen Bösen zu verwechseln, da es bei keiner wirklichen Person wirkliches Leid verursacht. Dennoch scheint auch das simulierte Böse auf eine gewisse Weise böse zu sein, denn es manifestiert sich darin zumindest eine rudimentäre böse Intention und Motivation. Im Gegensatz zum fiktiven Bösen, welches sich etwa in Romanen oder Filmen zeigt, ›lesen‹ oder ›betrachten‹ wir in Computerspielen das Böse nicht nur, sondern vollziehen es tendenziell, indem wir es digital simulieren und nachvollziehen. Je mehr neue Technologien wie das Metaversum Eingang in unseren Alltag finden, umso mehr verschwimmen auch die Grenzen zwischen Simulation, Fiktion und (virtueller) Realität.

Verstärkt wird die Problematik des virtuellen Bösen durch die neueren Entwicklungen künstlicher Intelligenz und selbstlernender künstlicher neuronaler Netzwerke (*deep learning*), dem dritten Großbereich der digitalen Lebenswelt, der uns hier interessiert. So lassen sich im Internet Bilder oder Videos einzelner Personen mittels künstlicher Intelligenz derart manipulieren, dass sie nicht mehr als Fälschungen zu erkennen sind, sondern täuschend echt erscheinen. Das Phänomen dieser sogenannten »Deepfakes« zeigt, dass sich das virtuelle Böse verselbständigen kann, indem nicht nur das Objekt der Täuschung, sondern auch der Prozess seiner Variation und Produktion auf die Leistung von KI übertragen wird. Es wird zu einem Produkt des Zufalls, das sich, einmal in Gang gesetzt, durch die opaken Mechanismen des *deep learning* jeglicher Kontrolle entzieht. Algorithmen erlauben es, uns zu bloßen Datenobjekten zu reduzieren, zu Gegenständen kommerzieller Interessen und bloßen Zahlen. Digitale Filterblasen erzeugen die Illusion objektiver Fakten, spielen uns aber nur diejenigen Informationen zu, die uns interessieren könnten, um so Gewinn zu maximieren. Kritische Selbst- und Fremdeinschätzung wird so strukturell unmöglich gemacht, die Unterscheidung zwischen Illusion, Fiktion und Realität verschwimmt, und bestehende Vorurteile werden verstärkt.

Wie aber können wir das digitale Böse vermeiden und ihm das digitale Gute entgegensetzen? Die digitalen Medien wie Internet, Computerspiele und künstliche Intelligenz sind als solche moralisch neutral. Es hängt von unserem Gebrauch ab, ob sie zum digitalen Guten oder Bösen führen. Während das digitale Böse die Unterscheidung von Illusion und Realität verschwimmen lässt und so unseren virtuellen Handlungsraum einschränkt, führt das digitale Gute dazu, unseren Realitätsbegriff in den Bereich des Virtuellen zu erweitern und so unsere Freiheit qualitativ zu vergrößern. Als Beispiele dafür können freie Wissenssysteme wie Wikipedia gelten, die es im Idealfall erlauben, Wissen kollektiv zu generieren, zu kritisieren und zu verbreiten.

Anhang

Anmerkungen

1 Vgl. auch Safranski 1997: 13: »Das Böse gehört zum Drama der menschlichen Freiheit. Es ist der Preis der Freiheit.«
2 Vgl. den Katechismus der Katholischen Kirche (1997) unter https://www.vatican.va/archive/DEU0035/_P6I.HTM
3 Wichtige Quellen finden sich in Böhlig 2002, v.a. 103 f.; 123 f.; 138 f.; 150 ff.
4 Zit. nach Schulze 2003: 156.
5 Das Urteil findet sich im Internet unter der Adresse https://research.wolterskluwer-online.de/document/91ae3b22-a2c7-4b49-b7f2-259146633f6e
6 Aristoteles, Poetik, Kap. 6, 1449b26.
7 Harris 1988: 21 f.; 24.
8 Zu den verschiedenen Bedeutungen der Wendung vgl. https://entertainment.time.com/2013/09/23/breaking-bad-what-does-that-phrase-actually-mean/
9 Eine mediale Dokumentation der Ergebnisse findet sich unter der Adresse http://www.bbcprisonstudy.org.
10 Die Sendungen wurden in den Jahren 2006 bis 2008 ausgestrahlt.

Kommentierte Auswahlbibliografie

a) Theologie

Berger, Klaus/Herholz, Harald /Niemann, Ulrich J. (Hg.), Das Böse in der Sicht des Islam, Regensburg 2009.

Buber, Martin, Bilder von Gut und Böse, Köln/Olten [2]1953.

Dalferth, Ingolf U., Das Böse. Essay über die kulturelle Denkform des Unbegreiflichen, Tübingen 2006. (Dieser Essay untersucht den Begriff und das Phänomen des Bösen sowohl aus moralphilosophischer als auch aus theologischer Perspektive. Er versteht sich als ein »Orientierungsversuch«, das Böse gerade im Gegensatz zum Guten weiter zu bestimmen. »Das Böse« wird dabei nicht als Kategorie verstanden, die empirische und historische Phänomene erklären kann, sondern als Orientierungsrahmen angesichts des Unbegreiflichen des Bösen bzw. als »Artikulations- und Denkform des Unbegreiflichen«. Insofern versteht sich der Essay als eine »Sinngeschichte« des Bösen, die das Problem seines Verständnisses thematisiert.)

Der Koran, übers. von Rudi Paret, Stuttgart [11]2010.

Die Bibel, nach Martin Luthers Übersetzung, hg. von der Evangelischen Kirche in Deutschland, Stuttgart 2016.

Die Gnosis. Der Manichäismus, übers. von Alexander Böhlig, Zürich 2002.

Hermanni, Friedrich, Das Böse und die Theodizee. Eine philosophisch-theologische Grundlegung, Gütersloh 2002. (In dieser Studie wird der philosophisch-theologische Unterschied zwischen einer Privationstheorie und einer Perversionstheorie des Bösen historisch-systematisch klar herausgearbeitet. Behandelte Philosophen und Theologen sind u.a. Augustinus und Thomas von Aquin als Hauptvertreter der Privationstheorie sowie Leibniz, Kant und Schelling als neuzeitliche Alternativen dazu. Im zweiten Teil der Studie wird das Problem des Bösen auf das Theodizee-Problem erweitert.)

Laube, Johannes (Hg.), Das Böse in den Weltreligionen, Darmstadt 2003. (Dieses Buch beinhaltet Darstellungen des Bösen in verschiedenen Religionen, die von Vertretern des jeweiligen Faches verfasst sind: Das Böse in der jüdischen Tradition [Daniel Krochmalik], das Böse in der christlichen Tradition [Hermann Häring], das Böse in der islamischen Tradition [Reinhard Schulze], das Böse in der hinduistischen Tradition [Axel Michaels], das Böse in der buddhistischen Tradition [Johannes Laube].)

Mose ben Maimon (Maimonides), Führer der Unschlüssigen, übers. u. komm. von Adolf Weiß, Hamburg 1995.

Oberhänsli-Widmer, Gabriele, Bilder vom Bösen im Judentum, Neukirchen-Vluyn 2003.

Pielow, Dorothee, Der Stachel des Bösen. Vorstellungen über den Bösen und das Böse im Islam, Würzburg 2008.

b) Philosophie

Arendt, Hannah, Eichmann in Jerusalem. Ein Bericht über die Banalität des Bösen [BB], München/Zürich [2]2007.

Arendt, Hannah, Elemente und Ursprünge totaler Herrschaft [EU], München/Zürich 1986.

Arendt, Hannah, Über das Böse. Eine Vorlesung zu Fragen der Ethik [ÜdB], hg. von Jerome Kohn, übers. von Ursula Ludz, München/Zürich [5]2012.

Arendt, Hannah, Vom Leben des Geistes. Das Denken. Das Wollen [LG], hg. von Mary McCarthy, aus dem Amerikanischen von Hermann Vetter, München/Zürich 2006.

Augustinus, Confessiones [CF] – Bekenntnisse, übers. von Wilhelm Thimme, Düsseldorf/Zürich 2004.

Augustinus, De libero arbitrio [DLA] – Der freie Wille, übers. und hg. von Johannes Brachtendorf, Paderborn/München/Wien/Zürich 2006.

Bernstein, Richard J., Radical Evil. A Philosophical Interrogation, Cambridge 2002. (Im ersten Teil dieser Studie wird das Böse im Zusammenhang mit dem Willens- und Freiheitsbegriff untersucht. Historische Orientierungspunkte sind dabei die Philosophien Kants, Hegels und Schellings. Der zweite Teil befasst sich mit der Moralpsychologie des Bösen bei Nietzsche und Freud. Im dritten Teil wird das Problem des

Bösen nach Auschwitz behandelt, wobei die philosophischen Beiträge von Emmanuel Levinas, Hans Jonas und Hannah Arendt im Zentrum stehen.)

Billicsich, Friedrich, Das Problem des Übels in der Philosophie des Abendlandes, Bd. 1, Von Platon bis Thomas von Aquino, Bd. 2, Von Eckehart bis Hegel, Bd. 3, Von Schopenhauer bis zur Gegenwart, Wien 1952/1955/1959. (Das dreibändige Werk gibt in kurzen Darstellungen einen weitgespannten Überblick über die Behandlung der seit Leibniz so genannten »Theodizee-Frage«. Im ersten Band werden Denker von der Antike bis ins Mittelalter behandelt, im zweiten Band vom Spätmittelalter bis zum deutschen Idealismus und im dritten Band neuere Denker von Schopenhauer bis William James. Die Darstellung erfolgt unter Bezug auf zentrale Originalzitate der jeweiligen Philosophen und bietet so eine gute und erschöpfende Orientierung bis in die Vorkriegszeit. Die Darstellung konzentriert sich nicht nur auf das Problem menschlichen Leids, sondern auch auf das häufig vernachlässigte Problem des Übels in der Natur, insbesondere auf das Leiden der Tiere.)

Blom, Philipp, Böse Philosophen. Ein Salon in Paris und das vergessene Erbe der Aufklärung, München 2013.

Cole, Phillip, The Myth of Evil. Demonizing the Enemy, Westport/London 2006.

Colpe, Carsten/Schmidt-Biggemann, Wilhelm (Hg.), Das Böse. Eine historische Phänomenologie des Unerklärlichen, Frankfurt/M. 1993. (Der Sammelband betrachtet das Phänomen des Bösen in Einzelbeiträgen verschiedener Autoren und geht dabei überwiegend historisch und kulturgeschichtlich vor. So geht es unter Bezug auf Religion und Mythos (u.a. Gnosis und Geschichte des Teufels) um das Böse im Altertum, in der mittelalterlichen Mystik und Scholastik (u.a. bei Thomas von Aquin und Martin Luther) und schließlich in der Neuzeit (u.a. in Goethes *Faust*, bei Nietzsche und Max Weber).

Ehni, Hans-Jörg, Das moralisch Böse. Überlegungen nach Kant und Ricœur, Freiburg/München 2006.

Fichte, Johann Gottlieb, Das System der Sittenlehre nach den Prinzipien der Wissenschaftslehre [SSL], in: Gesamtausgabe I, 5, hg. von Reinhard Lauth u. Hans Gliwitzky, Stuttgart-Bad Cannstatt 1977.

Hegel, Georg Wilhelm Friedrich, Theorie Werkausgabe [TWA], hg. von Eva Moldenhauer u. Karl Markus Michel, Frankfurt/M. 1972.

Hobbes, Thomas, Leviathan [L]. Aus dem Englischen übertragen von Jutta Schlösser, hg. von Hermann Klenner, Hamburg 1996.

Höffe, Otfried, Lebenskunst und Moral oder Macht Tugend glücklich?, München 2009.

Holzhey, Helmut/Leyvraz, Jean-Pierre (Hg.), Die Philosophie und das Böse, Bern/Stuttgart/Wien 1993.

Horster, Detlef (Hg.), Das Böse neu denken. Hannah-Arendt-Lectures und Hannah-Arendt-Tage 2005, Weilerswist 2006.

Jaspers, Karl, Das Unbedingte des Guten und das Böse, in: Die Wandlung 1 (1945/46), Heft 8, S. 672–683.

Kant, Immanuel, Anthropologie in pragmatischer Hinsicht [Anth.], in: AA VII, S. 117–333.

Kant, Immanuel, Die Religion innerhalb der Grenzen der bloßen Vernunft [RGV], in: Akademie-Ausgabe [AA], Bd. VI, Berlin 1900 ff., S. 1–202.

Kant, Immanuel, Grundlegung zur Metaphysik der Sitten [GMS], in: AA IV, S. 385–463.

Kant, Immanuel, Kritik der praktischen Vernunft [KpV], in: AA VI, S. 1–164.

Kant, Immanuel, Kritik der reinen Vernunft [KrV], hg. von Jens Timmermann, Hamburg 1998.

Kierkegaard, Sören, Die Krankheit zum Tode [KT], übers. u. hg. von Hans Rochol, Hamburg 1995.

Leibniz, Gottfried Wilhelm, Die Theodizee [T], übers. von Artur Buchenau, Hamburg 1968.

Neiman, Susan, Das Böse denken. Eine andere Geschichte der Philosophie, Frankfurt/M. 2006. (Das Buch begreift das Problem des Bösen als »Organisationsprinzip für das Verstehen der Philosophiegeschichte«, ja als »Wurzel der neuzeitlichen Philosophie«, aber auch als Schlüssel zum Verständnis der Welt als solcher. Es setzt an der Unterscheidung von *malum physicum* und *malum metaphysicum* an und versteht diese als das zentrale Charakteristikum der Moderne. Dabei wendet sich Neiman gegen eine verengende Auffassung des Bösen und argumentiert dafür, dass es weder nur in den Bereich der Ethik oder jenen der Metaphysik gehört, sondern beide Bereiche miteinander verbindet. Systematisch vertritt Neiman die These, dass das Böse nicht in seinen wesenhaften Eigenschaften analysiert werden kann, und lenkt deshalb den Blick vor allem darauf, wie sich das Böse konkret in der Welt und in zwischenmenschlichen Beziehungen auswirkt. Behandelte Denker sind u.a. Leibniz, Pope, Hume, Rousseau und Hegel, aber auch de Sade, Nietzsche und Freud. Besondere Aufmerksamkeit widmet Neiman am Ende des Buches auch dem Terrorismus am Beispiel der Attentate vom 11. September 2001.)

Nietzsche, Friedrich, Zur Genealogie der Moral, in: Kritische Studienausgabe [KSA], Bd. 5, hg. von Giorgio Colli u. Massimo Montinari. Berlin/New York 1988.

Noller, Jörg, Die Bestimmung des Willens. Zum Problem individueller Freiheit im Ausgang von Kant, Freiburg/München ²2016. (Die Studie befasst sich systematisch mit der Frage, wie es möglich ist, dass wir für unsere individuellen guten und bösen Handlungen zur Verantwortung gezogen werden können und inwiefern eine moralisch böse Handlung überhaupt aus Gründen erfolgen kann. Historisch steht die Moralphilosophie Immanuel Kants im Zentrum, die zum einen innerhalb der vorkantischen Tradition von Platon bis Leibniz verortet, zum anderen aber auch mit nachkantischen Entwürfen von Reinhold bis Hegel konfrontiert wird. Abschließend wird die nachkantische Debatte um die Freiheit zum Bösen auf aktuelle Ansätze in der analytischen Philosophie bezogen.)

Pieper, Annemarie, Gut und Böse, München ³2008.

Platon, Werke in acht Bänden, griechisch und deutsch, hg. von Gunther Eigler, übers. von Friedrich Schleiermacher, Darmstadt 1990.

Plotin, Schriften, übers. von Richard Harder, Bd. 5, Hamburg 1960.

Recki, Birgit (Hg.), Wozu ist das Böse gut?, Münster 2016. (Das Bändchen versammelt drei Essays von Preisträgern des vom Forschungsinstitut für Philosophie Hannover ausgeschriebenen Wettbewerbs zur Frage »Wozu ist das böse gut?«. In ihrer Einleitung weist Birgit Recki darauf hin, dass hinsichtlich des Begriffs des Bösen ein Wandel eingesetzt hat. Während der Begriff aufgrund seiner starken und ausgrenzenden Normativität lange Zeit verpönt war, wird er gegenwärtig immer mehr als eine philosophische Kategorie revitalisiert. Die Rede vom Bösen bedeutet insofern nicht, einer Weltsicht anzuhängen, die Menschen in Form eines Schwarz-Weiß-Denkens kategorisch in Gut und Böse unterscheidet. Vielmehr handelt es sich dabei um einen Begriff, »der die moralische Verfehlung einsichtiger normativer Ansprüche an das Handeln im Handeln verurteilt«. Der erste Preisträger, Zachary

Goldberg, unterscheidet in seinem Essay zwischen dem Phänomen und dem Begriff des Bösen und argumentiert dafür, dass der Begriff für unser Verständnis als verantwortliche Akteure unverzichtbar ist. Marcel Vondermaßen behandelt das Böse unter dem Gesichtspunkt ideologischer Feindbildkonstruktionen in der Politik. Dennis Badenhop schließlich setzt bei dem Paradox an, dass ein böser Akteur rational sein muss, diese Rationalität aber nicht dazu führt, dass er seine böse Handlung unterlässt. Badenhop beleuchtet ferner den perversiven Charakter des Bösen angesichts der Figur des Teufels in Goethes *Faust* und Miltons *Paradise Lost*.)

Ricœur, Paul, Das Böse. Eine Herausforderung für Philosophie und Theologie, übers. von Laurent Karels, Zürich 2006.

Rousseau, Jean-Jacques, Diskurs über die Ungleichheit [DU], übers. u. hg. von Heinrich Meier, Paderborn u.a. [5]2001.

Safranski, Rüdiger, Das Böse oder Das Drama der Freiheit, München/Wien 1997. (In diesem sehr verständlich geschriebenen Buch behandelt der Autor das Problem und Phänomen des Bösen aus philosophischer, theologischer und ästhetischer Perspektive. Durchgängig wird das Böse dabei als ein Produkt der menschlichen Freiheit verstanden, wodurch sich Safranski von einem privativen Verständnis abgrenzt. Aufschlussreich ist besonders die Kontrastierung von Kants und de Sades Theorien des Bösen – zweier Zeitgenossen, die auf ganz unterschiedliche Weise der Aufklärung zuzuordnen sind.)

Schäfer, Christian (Hg.), Was ist das Böse? Philosophische Texte von der Antike bis zur Gegenwart, Stuttgart 2014. (Das umfangreiche Reclam-Bändchen bietet zentrale Texte aus der Geschichte der Philosophie zum Problem des Bösen, die jeweils mit einer kurzen, systematisch orientierenden Einleitung versehen sind. Behandelte Denker sind Platon, Plotin, Augustinus, Dionysius Areopagita, Anselm von Canterbury, Thomas von Aquin, Baruch de Spinoza, Gottfried Wilhelm Leibniz, Alexander Pope, Voltaire, Immanuel Kant, G.W.F. Hegel, F.W.J. Schelling, Friedrich Nietzsche, Hannah Arendt und Paul Ricœur.)

Schmidt-Salomon, Michael, Jenseits von Gut und Böse. Warum wir ohne Moral die besseren Menschen sind, München 2009. (Der Autor vertritt die These, dass das Böse eine »Wahnidee« sei, die sich über Jahrhunderte im menschlichen Denken verfestigt habe. Schmidt-Salomon identifiziert das sogenannte »Sündenfall-Syndrom«, dessen Grundaxiome die Annahme der Willensfreiheit und die Gut/böse-Unterscheidung seien. Beide Axiome hält Schmidt-Salomon für problematisch. Dagegen argumentiert das Buch dafür, das traditionelle Gut/böse-Schema als archaisches Denkmuster aufzugeben und an die Stelle von strafenden Sanktionen ein Empathietraining zu setzen.)

Schulte, Christoph, Radikal Böse. Die Karriere des Bösen von Kant bis Nietzsche, München 1988.

Schelling, Friedrich Wilhelm Joseph, De Malorum Origine [MO], in: Historisch-kritische Ausgabe I, 1, 63–148, hg. von Wilhelm G. Jacobs, Jörg Jantzen u. Walter Schieche, Stuttgart-Bad Cannstatt 1976.

Schelling, Friedrich Wilhelm Joseph, Philosophische Untersuchungen über das Wesen der menschlichen Freiheit [FS], hg. von Thomas Buchheim, Hamburg [2]2011.

Schopenhauer, Artur, Die Welt als Wille und Vorstellung [WWV], Bd. 1 u. 2, hg. von Wolfgang Frhr. von Löhneysen, Frankfurt/M. 1986.

Stangneth, Bettina, Böses Denken, Reinbek 2016.

Thomas von Aquin, Pars prima Summae theologiae [ST I], in: Opera omnia iussu impensaque Leonis XIII P. M. edita, t. 4-5, Ex Typographia Polyglotta S. C. de Propaganda Fide, Romae, 1888–1889.

Thomas von Aquin, Quaestio est de libero arbitrio [QdLA], in: Ders., Die menschliche Willensfreiheit, hg. von Gustav Siewerth, Düsseldorf 1954, 219-287.

Thomas von Aquin, Summa contra gentiles [ScG], hg. u. übers. von Karl Allgaier, Darmstadt 2001.

Wolf, Jean-Claude, Das Böse, Berlin/New York 2011. (Das Buch zeichnet sich dadurch aus, dass es sich ganz konkret auf Formen des Bösen und die Möglichkeit ihrer Überwindung konzentriert. Als »Keime des Bösen« werden Eigenschaften wie Neugier und Langeweile, Ehrgeiz, Ehrsucht, Karrierismus, Eitelkeit und gekränkte Ehre identifiziert, aber auch Angst vor Fremden, Neid, Eifersucht und Fanatismus. Zur »Etablierung des Bösen« tragen Verrat, Lüge und Täuschung bei, aber auch Routine und Arbeitsteilung. Als »Gegenkräfte des Bösen« schließlich führt das Buch Emotionen, Einstellungen und Tugenden wie Liebe, Vergebung, Maß und Mäßigung an und erörtert die Möglichkeit eines »konstruktiven Egoismus« als Ausweg aus dem Bösen.)

Wolf, Jean-Claude, Das Böse als ethische Kategorie, Wien 2002.

c) Ästhetik und Kulturwissenschaft

Alt, Peter-André, Ästhetik des Bösen, München 2010. (In konsequenter Fortsetzung einer »Ästhetik des Hässlichen« [Rosenkranz] zeigt die Studie anhand verschiedener zentraler Texte der Literaturgeschichte eine Form der Kunstautonomie auf, die darin besteht, das Böse unabhängig von moralphilosophischen und normativen Fragestellungen thematisch werden lassen zu können. Behandelte Themen sind das Böse im Mythos, das Böse und die literarische Fiktion sowie das Böse in Aufklärung und Psychologie. Daneben wird auf bestimmte ästhetische Verfahren wie die Wiederholung und die Beschwörung des Ungeheuerlichen reflektiert, aber auch auf das Verhältnis von Ethik und Ästhetik.)

Baudelaire, Charles, Die Blumen des Bösen (Les Fleurs du Mal [FdM]), übers. u. hg. von Friedhelm Kemp, München [10]2004.

Baumann, Hans D., Horror. Die Lust am Grauen, München 1993.

Bohrer, Karlheinz, Imaginationen des Bösen. Für eine ästhetische Kategorie, München/Wien 2004.

Cherry, Brigid, Horror, London/New York 2009.

Dyrendal, Asbjørn; Lewis, James R.; Petersen, Jesper Aa (Hg.), The Invention of Satanism, Oxford 2016.

Eagleton, Terry, Das Böse, aus dem Englischen von Hainer Kober, Berlin 2010. (Entgegen der häufig vertretenen Auffassung, wonach das Böse unerklärlich und rätselhaft sei, vertritt der Autor die These, dass sich das Phänomen weiter verständlich machen lässt: »Wie der Geschmack, über den sich ja angeblich nicht streiten lässt, ist ›böse‹ ein Begriff, der als Stoppsignal dient – das alle weiteren Fragen zum Schweigen bringt.« Eagleton bestimmt das Böse allgemein als etwas, das das Ganze – das Opfer wie den Täter – vernichten möchte, und rückt es so in die Nähe des Freud'schen Todestriebs. Er veranschaulicht seine Theorie des Bösen anhand verschiedener fiktionaler Werke wie William Goldings *Pincher Martin*, an dessen Figur sich zeige, dass das Böse eine Spaltung zwischen Geist und Körper bewirke.)

Faulstich, Werner (Hg.), Das Böse heute. Formen und Funktionen, München 2008.

Goethe, Johann Wolfgang, Faust, hg. von Albrecht Schöne, Frankfurt/M. 2005.

Harris, Thomas, The Silence of the Lambs, New York 1988.
Manson, Marilyn, The Long Hard Road Out Of Hell, New York 1998.
McGinn, Colin, Ethics, Evil, and Fiction, Oxford 2003. (Der Autor konzentriert sich auf das Phänomen eines bösen Charakters, der darin besteht, Genuss am Leid anderer Menschen zu haben. Bezugspunkt ist dabei die Figur des Bootsmanns John Claggart in Herman Melvilles Erzählung *Billy Budd.* Claggart schikaniert den einfachen Matrosen Billy Budd wegen dessen natürlicher Tugendhaftigkeit und Naivität. Das hier präsentierte Böse ist die direkte Pervertierung gewöhnlicher Gesetze des zwischenmenschlichen Umgangs. Ein solcher Begriff des Bösen setzt einen starken Begriff von personaler Identität voraus, wonach Täter und Opfer kategorisch voneinander unterschieden sind. Im Zentrum der Untersuchung stehen die Phänomene des Sadismus, der Verführung und der Überredung, deren Gemeinsamkeit darin liegt, dass darin die Werte und Überzeugungen einer anderen Person beherrscht werden.)
Poe, Edgar Allan, Der Geist des Bösen (engl. The Imp of the Perverse; 1845), in: Edgar Poes Werke, 3. Band: Kriminalgeschichten, übers. von Hedda Eulenberg, Minden 1901, S. 2–12.
Poe, Edgar Allan, Der schwarze Kater (engl. The Black Cat; 1843), in: Edgar Poes Werke, 3. Band: Kriminalgeschichten, übers. von Hedda Eulenberg, Minden 1901, S. 13–30.
Sacher Masoch, Leopold von, Venus im Pelz [VP], Frankfurt/M. 1980.
Sade, Donatien Alphonse Francois Marquis de, Justine oder Die Leiden der Tugend (1797), aus dem Französischen von Raoul Haller, Frankfurt/M./Leipzig 1990.
Schiller, Friedrich, Der Verbrecher aus verlorener Ehre, in: Schillers Werke, Nationalausgabe [NA], begründet von Julius Petersen, hg. von Lieselotte Blumenthal u. Benno von Wiese, Weimar 1948 ff., Bd. XVI, S. 7–29.
Schiller, Friedrich, Die Räuber, in: NA III, S. 1–136.
Schiller, Friedrich, Über den Grund des Vergnügens an tragischen Gegenständen, in: NA XX, S. 133–147.
Schuller, Alexander/Rahden Wolfgang (Hg.), Die andere Kraft. Zur Renaissance des Bösen, Berlin 1993.
Strasser, Peter, Verbrechermenschen. Zur kriminalwissenschaftlichen Erzeugung des Bösen, Frankfurt/M./New York [2]2005.

Wisotzki, Katharina/Falke, Sara R. (Hg.), Böse Macht Musik. Zur Ästhetik des Bösen in der Musik, Bielefeld 2012. (Der Sammelband vereint Aufsätze zu dem selten erörterten Phänomen des Bösen in der Musik. Behandelte Motive sind der Teufel und das Instrument der Orgel, aber auch »Hate Rock« und Fan-Gesänge als Ausdruck von Macht. Dabei wird deutlich, dass eine Behandlung des Bösen nicht nur deskriptiv-literarisch erfolgen kann, sondern auch performativ in anderen Medien.)

d) Psychologie und Naturwissenschaft

Baron-Cohen, Simon, The Science of Evil. On Empathy and the Origins of Cruelty, New York 2011. (Dieses Buch befasst sich mit den psychopathologischen Mechanismen, die dazu führen, dass Menschen andere Menschen zu bloßen Objekten degradieren. Im Zentrum steht dabei das Phänomen menschlicher Grausamkeit, wie es sich vor allem in den Verbrechen des Nationalsozialismus manifestiert. Der Autor argumentiert dafür, dass der Begriff des Bösen aus wissenschaftlicher Sicht keine erklärende Kraft besitze und deswegen durch den Begriff der Empathie-Erosion [»empathy erosion«] ersetzt werden sollte.)

Freud, Sigmund, Das Unbehagen in der Kultur (1930), in: Ders., Gesammelte Werke, Bd. 14, London 1955, S. 419–506.

Fromm, Erich, Anatomie der menschlichen Destruktivität, Reinbek b. Hamburg 1977.

Fromm, Erich, Über die Ursprünge der Aggression, in: Erich Fromm Gesamtausgabe in zwölf Bänden, Bd. 11, München 1999, S. 349–363.

Jung, Carl Gustav, Aion. Beiträge zur Symbolik des Selbst, Olten 1976.

Jung, Carl Gustav, Von Gut und Böse, ausgewählt von Franz Alt, Olten 1990.

Krafft-Ebing, Richard von, Psychopathia Sexualis. Mit besonderer Berücksichtigung der conträren Sexualempfindung. Eine klinisch-forensische Studie, Stuttgart [9]1894. (Ganz im Geiste des 19. Jahrhunderts und seinem Objektivitätsideal setzt sich die Studie zum Ziel, »die Pathologie des sexualen Lebens zum Gegenstand einer wissenschaftlichen Abhandlung« zu machen, um so die »Kehrseite«, »Schwäche« und »Armseligkeit« des menschlichen Lebens zu diagnostizieren. Die Untersuchung erfolgt aus medizinischer, juristischer und naturwissenschaftlicher Perspektive. Als Formen des »krankhaften Sexuallebens« werden u.a. Exhibitionismus, Masochismus, Sadismus und Tierschändung untersucht.

Lombroso, Cesare, Der Verbrecher (homo delinquens) in anthropologischer, ärztlicher und juristischer Beziehung, Hamburg 1887. (Ähnlich wie Krafft-Ebings Studie ist auch Lombrosos Buch dem Wissenschaftsideal des 19. Jahrhunderts verpflichtet. Dort stehen jedoch weniger sexuelle Pathologien im Zentrum als ganz allgemein angebliche körperliche Merkmal des »geborenen Verbrechers«. Dabei interessieren u.a. Gesichtsbildung, Körperlänge, Gewicht und Schädelanomalien. Lombroso unterscheidet auch zwischen verschiedenen Typen von »Verbrechern« wie »Alkoholikern«, »Hysterikern«, »Gelegenheitsverbrechern« und heimlichen Verbrechern.

Lorenz, Konrad, Das sogenannte Böse. Zur Naturgeschichte der Aggression, München ^{24}2004. (In dieser Studie versucht der Autor, das Phänomen des Bösen auf das Wesen der Aggression zurückzuführen und naturwissenschaftlich, insbesondere evolutionstheoretisch, weiter zu erklären. Die Aggression ist nicht ausschließlich negativ zu bewerten, sondern besitzt nach Lorenz eine »arterhaltende Funktion« und kann als Motivationsquelle gelten. Als solche sei die Aggression nicht rein destruktiv zu verstehen, sondern »Teil der System- und lebenserhaltenden Organisation aller Wesen, der zwar, wie alles Irdische, in Fehlfunktionen verfallen und Leben vernichten kann, der aber doch vom großen Geschehen des organischen Werdens zum Guten bestimmt ist«.

Markowitsch, Hans J./Siefer, Werner, Tatort Gehirn. Auf der Suche nach dem Ursprung des Verbrechens, Frankfurt/M. 2007. (Die Autoren konstatieren, dass der Begriff des Bösen in der Wissenschaft und im Strafrecht keine Rolle mehr spiele: »Kein Mensch ist mehr böse, höchstens eine Tat ist es. Und die Ursachen für ein Leiden oder ein Fehlverhalten suchen Wissenschaft und Gesellschaft zusehends im Gehirn.« Nach einer ideengeschichtlichen Einordnung der Thematik, die mit der Phrenologie Franz Joseph Galls beginnt, untersucht die Studie das Phänomen des Bösen aus der Perspektive der Neuro-Kriminologie und erörtert die Möglichkeit des Einsatzes von Hirnscannern bei der Bestimmung der Ursachen eines Verbrechens.

Merkel, Grischa/Roth, Gerhard, Bestrafung oder Therapie? Das Schuldprinzip des Strafrechts aus Sicht der Hirnforschung, in: Bonner Rechtsjournal, Heft 1, 2010, S. 47–56.

Milgram, Stanley, Das Milgram-Experiment. Zur Gehorsamsbereitschaft gegenüber Autorität, 1997.

Pinker, Steven, Gewalt. Eine neue Geschichte der Menschheit, Frankfurt/M. 2011. (Der Autor vertritt die These, dass die zwischenmenschliche Gewalt im Laufe der Jahrtausende immer weiter zurückgegangen sei. Als Belege werden vor allem Erkenntnisse der Kognitionsforschung, der Neurowissenschaften sowie der Sozial- und Evolutionspsychologie herangezogen. Das Buch identifiziert sechs Trends zur Gewaltlosigkeit: Den Übergang von der Anarchie einer Gesellschaft von Jägern und Sammlern zu Hochkulturen und Städten, den Zivilisationsprozess infolge der Herausbildung von Feudalstaaten, die europäische Aufklärung und das Aufkommen des Pazifismus, den »Langen Frieden« nach dem Zweiten Weltkrieg, den Rückgang von organisierten Konflikten seit dem Ende des Kalten Krieges sowie die Allgemeine Erklärung der Menschenrechte und die damit zusammenhängenden Bürger- und Minderheitenrechte.)

Reicher, Stephen/Haslam, S. Alexander, Rethinking the psychology of tyranny, The BBC prison study, in: British Journal of Social Psychology, Bd. 45, Heft 1, 2006, S. 1-40.

Saimeh, Nahlah, Jeder kann zum Mörder werden. Wahre Fälle einer forensischen Psychiaterin, München 2012. (Dieses Buch schildert aus der Perspektive der forensischen Psychiatrie anschaulich verschiedene Kriminalfälle und diskutiert die Motive der betreffenden Verbrechen. Die Autorin identifiziert »profane Gründe« wie Selbsthass, Eifersucht, Einsamkeit oder Angst, die schließlich unter bestimmten Umständen und Dispositionen in ein Verbrechen münden können. Daran werde ersichtlich, »dass im Grunde jeder von uns als Mensch das Potenzial hat, ein Tötungsdelikt zu begehen. Nur die Umstände, die wir uns schaffen, und die Schwellen, die wir überschreiten müssen, sind unterschiedlich.«

Stone, Michael H., The Anatomy of Evil, Amherst 2009.

Wuketits, Franz M., Verdammt zur Unmoral. Zur Naturgeschichte von Gut und Böse, München 1993.

Zimbardo, Philip, Der Luzifer-Effekt. Die Macht der Umstände und die Psychologie des Bösen, Berlin/Heidelberg 2008.

Personenregister

Jörg Noller, geb. 1984, ist Privatdozent für Philosophie an der Ludwig-Maximilians-Universität München. Er studierte Philosophie, Neuere deutsche Literatur, Neuere deutsche Geschichte und Evangelische Theologie in Tübingen und München. Forschungsaufenthalte führten ihn an die University of Notre Dame (Indiana) und nach Chicago. Lehrstuhlvertretungen an den Universitäten Konstanz und Augsburg. Veröffentlichungen u.a.: Die Bestimmung des Willens. Zum Problem individueller Freiheit im Ausgang von Kant ([2]2016); Personale Lebensformen. Identität – Einheit – Würde (2022).